RELIGION SAINT-SIMONIENNE.

LEÇONS
SUR L'INDUSTRIE

ET

LES FINANCES,

PRONONCÉES A LA SALLE DE L'ATHÉNÉE

PAR J. PEREIRE,

SUIVIES

D'UN PROJET DE BANQUE.

PARIS,

AU BUREAU DU GLOBE,

RUE MONSIGNY, N° 6.

1832.

AVERTISSEMENT.

———

Nous nous sommes attaché dans les deux premières leçons à repousser l'idée de la *valeur* telle qu'elle est enseignée par les économistes actuels; nous l'avons combattue comme étant l'expression de la *lutte*, de l'*antagonisme* qui existent dans la société et qui se manifestent, sous ce rapport, par le débat contradictoire du *vendeur* et de l'*acheteur*, de celui qui *offre* et de celui qui *demande;* nous avons suivi cette marche, parce que nous avons voulu, *avant tout*, faire ressortir le caractère *politique* de ce mot *valeur*, plus encore que sa signification *économique*. Nous avons voulu faire comprendre que le *mode* de distribution des produits, qui n'a lieu aujourd'hui que par la *vente* et l'*achat*, ne pourra plus exister dans une véritable *association* où tous les produits seront répartis par les chefs entre leurs *associés*, suivant les besoins du travail et du travailleur. Mais nous sommes loin d'exclure toute idée de *valeur*; car il sera toujours nécessaire d'*évaluer* des produits les uns par rapport aux autres, de les *comparer* entre eux, afin de tirer le meilleur parti possible des *efforts*, du *temps* et des *matériaux* employés à la production. Il était important de bien distinguer ces deux points de vue, qui peuvent être en d'autres termes caractérisés ainsi : *valeur sur le marché, et valeur dans l'atelier.*

INDUSTRIE ET FINANCES.

LEÇONS

PRONONCÉES A LA SALLE DE L'ATHÉNÉE.

PREMIÈRE LEÇON (1),

(31 août 1831.)

DE LA VALEUR, DE L'ÉCHANGE ET DE L'ARGENT.

Dans la dernière séance nous nous sommes engagés à vous présenter nos vues sur la *valeur*, sur l'*échange* et sur l'*argent*; en d'autres termes, sur la manière dont s'est opérée jusqu'à ce jour la distribution de tous les produits dans la société. Nous vous dirons d'abord
quels ont été les avantages de l'introduction de l'*argent*, relativement aux *moyens* employés antérieurement pour la *circulation* des
produits, quels sont aujourd'hui ses inconvénients et les erreurs
dans lesquels son emploi a entraîné la plupart des hommes d'état ;
nous dirons aussi l'influence que la mise en pratique des idées qui
pendant long-temps existèrent sur l'argent exerça sur la prospérité
des peuples et la nature de leurs relations. Nous vous ferons voir
que l'usage d'un signe monétaire entretient la *défiance* et la *lutte*
parmi les hommes, qu'il perpétue l'état de *subalternité* des *travailleurs* à l'égard des *oisifs*, et devient par là un obstacle au développement de l'industrie, et par contre-coup de la moralité

(1) Extrait du *Globe* des 9 et 10 septembre 1831.

I. 1

parmi les hommes. Nous vous dirons aussi quels sont, dans l'état actuel de l'organisation industrielle, les éléments qui tendent à se développer ; comment, par la transformation du crédit individuel en un crédit social, la constitution vers laquelle nous avons la conviction intime que la société s'achemine pourra s'établir successivement, et par conséquent sans aucune des secousses qui ont accompagné jusqu'ici les grandes révolutions sociales.

Et d'abord, messieurs, il est fort important de s'entendre sur l'idée de la *valeur*, pour savoir dans quel ordre de faits elle peut être classée, car là est toute la question.

C'est parceque tous les individus sont isolés, séparés les uns des autres, soit dans leurs travaux, soit pour leur consommation, qu'il y a échange entre eux des produits de leur industrie respective. De la nécessité de l'*échange* est dérivée la nécessité de déterminer la *valeur relative* des objets. Les idées de *valeur* et d'*échange* sont donc intimement liées, et toutes deux, dans leur forme actuelle, elles expriment l'*individualisme* et l'*antagonisme* dont toutes les relations humaines ont été empreintes jusqu'à ce jour.

M. Say a, en effet, parfaitement bien établi que c'est par la *lutte* du *vendeur* et de l'*acheteur* que s'établissait la *valeur*, le *prix* de chaque chose : « En chaque lieu, à chaque époque, dit-il, le prix » de chaque chose s'élève d'autant plus que la chose est moins of- » ferte et plus demandée, et d'autant moins qu'elle est plus of- » ferte et moins demandée, ou, en d'autres termes, l'élévation » des prix est en raison directe de la quantité demandée, et en » raison inverse de la quantité offerte (1). »

D'autres économistes, comme Ricardo, ont dit que la base de la *valeur* c'était la *quantité de travail* nécessaire pour obtenir un produit, l'habileté qu'on était obligé de déployer pour cela. Cette définition est incomplète. Celle de M. Say est beaucoup plus large, car elle comprend l'autre, et a surtout l'avantage de bien déterminer les rapports sociaux des *vendeurs* et des *acheteurs* : car il est évident que, plus un objet sera difficile à obtenir, et moins il sera

(1) T. II, p. 17.

offert, et réciproquement. Et d'ailleurs, quelque travail qu'ait occasioné un *produit*, lorsque la société n'en sent pas le besoin, lorsqu'il n'est pas *demandé*, il n'a pas de *valeur*.

On peut donc dire, sous un certain point de vue, qu'il n'y a lieu à fixer la *valeur* des produits que parcequ'il y a *échange*, que parcequ'il y a *vente* et *achat*; en d'autres termes, *antagonisme* entre les divers membres de la société. Malthus l'a senti lorsqu'il a fait l'hypothèse suivante : « Si la nature eût distribué » dès l'origine toutes les richesses exactement dans les mêmes » proportions que celles où elles se trouvent *au moment de la* » *consommation*, il n'y aurait ni échange ni valeur échangeable. »

En appliquant cette hypothèse à l'organisation sociale, on pourrait dire : « Si les travailleurs, au lieu d'être *isolés* entre eux, d'être en lutte les uns à l'égard des autres, étaient *associés*, et qu'un certain nombre fût chargé de distribuer tous les produits qui forment le fonds de la production et de la consommation, comme par exemple cela a lieu jusqu'à un certain point dans le sein d'une famille, la *vente* et l'*achat* étant supprimés, il n'y aurait pas lieu à s'occuper de la *valeur d'échange*, ni d'un signe *individuel* qui la représentât, la monnaie d'or ou d'argent serait sans aucun objet. »

Abandonnons pour un moment cette hypothèse; nous y reviendrons en un autre moment. Il nous suffit d'avoir établi qu'il n'y avait lieu à s'occuper de *prix*, de *valeur*, que là où il y avait *vente* et *achat*, c'est-à-dire où chaque individu était obligé de *lutter* pour se procurer les objets nécessaires à l'entretien de son existence.

Nous examinerons la MORALITÉ de cet état de choses, après avoir parlé des diverses formes auxquelles la distribution des richesses a été assujettie jusqu'à ce jour.

La circulation des produits dans la société s'est opérée de trois manières : par l'*échange direct en nature*, par la *vente* et l'*achat*, et par le *crédit*.

Dans le premier mode, il n'y a que des produits qui s'échangent entre eux sans aucun *intermédiaire;* dans le second, les produits s'échangent contre de la *monnaie;* enfin, dans le troisième, l'argent est remplacé par une simple *promesse* de remboursement à une époque déterminée.

Ce n'est que dans l'enfance des sociétés que les produits s'échangent *directement* : cet état de choses s'oppose presque complètement au développement de l'industrie, car le commerce entre les hommes est presque toujours arrêté en l'absence d'une *commune mesure* de la valeur. Il faut en effet, pour qu'un échange puisse avoir lieu entre deux individus, que chacun d'eux ait l'objet qui leur convient réciproquement. Aussi, à cette époque, les besoins sont-ils très restreints : chaque membre de la société est obligé de se suffire à lui-même. Mais lorsque, par suite du développement humain, de nouveaux besoins se sont fait jour, lorsque les hommes ont senti l'avantage d'établir une première division du travail, force leur est d'avoir recours à un terme commun qui serve à apprécier tous ces objets échangeables.

Cette mesure a été d'abord variée chez les différents peuples : les uns se servirent à cet effet de *brebis*, d'autres employèrent les peaux de différents animaux et autres marchandises qui furent choisies à cause de leur usage général, et par conséquent de la facilité qu'elles offraient d'être toujours *échangeables* contre tous les produits dont on avait besoin. Mais outre que ces marchandises n'étaient pas susceptibles d'une assez grande division pour satisfaire à tous les besoins de la circulation, elles étaient encore embarrassantes et exposées à se détériorer. Aussi n'est-ce réellement que depuis l'introduction des métaux précieux que la circulation a pu devenir assez rapide. Tout le monde sait à quoi est due la préférence qu'on leur a accordée : ils offrent l'avantage de renfermer une très grande valeur sous un petit volume; la détérioration qu'ils éprouvent est à peine sensible, et les difficultés de leur extraction garantissent la société contre tout encombrement de ce produit, et par suite contre toute brusque variation dans sa valeur.

Mais si le génie industriel s'était arrêté là, la circulation des produits eût rencontré de très grands obstacles : car les échanges d'un pays à un autre n'auraient pu avoir lieu que par des mouvements d'argent continuels. En effet, la France avait besoin, je suppose, des étoffes fabriquées en Angleterre : elle était alors obligée d'envoyer dans cette contrée la somme d'espèces nécessaire pour les obtenir ; l'Angleterre, à son tour, pour se procurer nos vins, était également dans la nécessité d'en envoyer la valeur en argent. Pour éviter l'inconvénient de ce double mouvement de fonds, on inventa la *lettre de change*.

Les négociants français tirèrent sur les négociants anglais le montant en argent de leurs vins ; en d'autres termes, ils prièrent, par une lettre, les négociants anglais de payer à leur ordre une somme de..... Ils vendirent cette lettre de change aux personnes qui avaient reçu des étoffes d'Angleterre, et celles-ci l'envoyèrent à leurs marchands d'étoffes pour en recevoir le montant. De cette manière deux pays purent, sans avoir recours à l'argent, échanger les objets de leur industrie. Pour achever de faire bien comprendre le progrès industriel dû à l'invention de la *lettre de change*, je citerai encore un autre exemple.

L'Angleterre tire des blés de Hambourg, et je suppose qu'elle ne peut lui offrir en échange aucun produit de son sol et de son industrie ; mais elle fournit des marchandises à d'autres états de l'Europe ; alors, pour payer les négociants de Hambourg, elle leur remet des lettres de change sur les divers états qui sont ses débiteurs, et à leur tour les négociants de Hambourg vendent ces lettres de change à ceux de leurs confrères qui en ont besoin pour effectuer leurs paiements, ou bien ils s'en servent pour faire au dehors de nouveaux achats, et ainsi de suite jusqu'à ce qu'elles arrivent dans les mains des négociants qui en ont directement besoin.

Vous le voyez donc, la création de la *lettre de change* permit aux relations des différentes villes et des différents peuples de prendre un très grand développement, et ce fut à un tel point qu'il devint nécessaire d'instituer une nouvelle industrie ayant pour objet le règlement de toutes ces opérations, nous voulons parler de la *banque*.

Pour vous donner une idée exacte de la manière dont se règlent ces opérations, nous prendrons pour exemple ce qui se passe à Paris. Les banquiers de Paris sont en relation avec ceux

de toutes les autres places du monde; ils en reçoivent régulièrement des avis dans lesquels on leur indique le papier qui est offert et celui dont on a besoin. Par le prix auquel on offre de cé-
der l'un, et par celui auquel on demande l'autre, ils savent toujours où il leur convient d'aller prendre tel ou tel papier, et où
ils doivent l'envoyer. Les banquiers règlent de cette manière,
presque sans mouvement d'argent, les opérations de tous les peuples entre eux, quelque indirectes que puissent être leurs relations. Ces opérations, qui se compliquent encore de la multiplicité des monnaies, s'appellent *arbitrages*.

Nous n'entrerons pas dans le détail des bénéfices qu'elles procurent, c'est étranger à notre sujet. Nous avons voulu montrer
seulement que l'argent ne joue plus qu'un rôle très secondaire
dans les relations extérieures, bien qu'il soit, comme marchandise, l'objet d'un assez grand commerce. C'est ainsi que les banquiers sont arrivés à réaliser un véritable gouvernement industriel; gouvernement fort imparfait sans doute, et dont la concurrence vient à chaque instant détruire l'harmonie; mais qu'il
est donné à la doctrine de Saint-Simon de constituer d'une manière inébranlable.

La substitution du *papier* à l'*argent* ne se borne pas à la *lettre de change*. Si dans une même ville tous les produits se fussent invariablement échangés contre de l'argent, il en aurait fallu d'abord une très grande quantité; et chaque industriel, à
moins de posséder de fortes sommes, eût été obligé, pour se
procurer les objets dont il avait besoin, d'attendre la vente de
ses produits. Pour suppléer à cet inconvé   on introduisit
des *billets* ou *promesses*; un individu s'engage   là à payer la
valeur des objets qu'il achetait, à l'époque présume de la vente
de ses marchandises; c'est alors que le crédit fut véritablement
fondé, car au moyen de ces billets les producteurs obtinrent la
disposition de tous les instruments de travail qui se trouvent entre les mains des propriétaires oisifs. Ces billets circulèrent comme l'argent et servirent à une multitude d'échanges; mais pour
que ces billets pussent être acceptés en paiement et devenir l'objet d'un placement de la part des capitalistes, il fallait qu'on eût

confiance dans les souscripteurs ; et comme il était impossible à chacun de connaître la solvabilité ou la moralité de tous les industriels, les banquiers s'occupèrent encore de l'escompte de ces valeurs ; ils échangèrent contre leurs propres promesses celles des industriels peu connus. En substituant ainsi leur crédit puissant à celui d'un obscur emprunteur, ils permirent aux travailleurs de se procurer beaucoup plus facilement, et à de meilleures conditions que jamais, les instruments qui leur étaient nécessaires ; c'est à l'aide de ces effets que la plus grande masse des produits se distribua dans la société.

L'emploi de l'argent présentait encore de grands inconvénients, soit à cause de l'encombrement, de l'embarras qu'il occasionait, soit à cause de la détérioration des vieilles monnaies. Les échanges qui se faisaient entre quelques villes commerçantes avaient en outre amené dans chacune d'elles une grande quantité de monnaies étrangères. Tout cela jetait du trouble dans la circulation, et rendait les paiements non-seulement difficiles, mais souvent onéreux aux vendeurs et aux porteurs de lettres de change sur ces pays. Aussi ces lettres de change ne se négociaient qu'avec perte ; en d'autres termes, on était exposé à payer plus cher les marchandises qu'on faisait venir de l'étranger. Pour remédier à ces inconvénients, les négociants de Venise, de Gênes, d'Amsterdam, de Hambourg, imaginèrent d'établir des *banques* ou caisses dans lesquelles chacun venait déposer soit en monnaie de l'état bonne et valable, soit en lingots, soit en pièces étrangères qui y étaient reçues comme lingots, une valeur quelconque exprimée en monnaie nationale ayant le titre et le poids voulus par la loi. Voilà les *banques de dépôt*.

Ces banques passaient au crédit du compte de chacun les sommes ainsi déposées. Lorsqu'un négociant voulait ensuite faire un paiement, il suffisait, sans toucher au dépôt, de transporter le montant de la somme, d'un compte du créancier de la banque à celui d'une autre personne. De cette manière les transports de valeurs, quelque considérables qu'elles fussent, se faisaient par un simple transfert sur les livres de la banque, et sans l'intervention matérielle de la monnaie, qui restait toujours déposée dans ses caisses. Le but de ces établissements était de simplifier tous les échanges, et de remplacer, dans les transactions importantes, un moyen de circulation aussi barbare que la monnaie; mais ils n'offraient en réalité que la facilité de représenter l'argent de la manière la plus commode possible, ils n'ajoutaient rien à la masse des moyens de circulation. D'autres banques furent créées pour accroître ces moyens d'une certaine quantité de billets qui devaient faire l'office de monnaie. On appela ces banques des *banques d'escompte*, de *circulation* ou de *crédit*.

Des capitalistes réunirent dans ce but un fonds en espèces assez considérable, et ils escomptèrent les effets des producteurs avec des billets remboursables à vue; c'est-à-dire que ces banques échangèrent leurs promesses à vue contre des effets à terme. Cependant si elles n'eussent émis qu'une somme de billets égale à l'argent qu'elles avaient en caisse, elles n'auraient fait évidemment, comme les banques de dépôt, que remplacer une monnaie incommode par une autre qui l'est infiniment moins. Mais elles augmentèrent encore, ainsi que nous le disions tout-à-l'heure, la masse des moyens de circulation: car elles émirent, suivant le crédit dont elles jouissent, une somme de billets beaucoup plus considérable que leur capital en espèces: c'est généralement le double ou le triple; quelquefois la proportion est plus forte.

Ces établissements ne peuvent se soutenir qu'à la condition que le public ait confiance en eux; car si l'on venait à exiger le remboursement de tous les billets, comme cela s'est vu maintes fois, ils seraient loin de pouvoir satisfaire à ces demandes, puisqu'ils ne possèdent en caisse qu'une partie de la somme des billets émis en échange des effets de l'industrie. Ces établissements sont aussi des banques de dépôt, ce sont les caisses générales de l'industrie. Voici ce qui se passe à Paris. — La plupart des banquiers et des principaux négociants ont des comptes ouverts à la banque de France; c'est par elle qu'ils font faire la plus grande partie de leurs recouvrements, c'est dans sa caisse qu'ils versent toutes leurs espèces; on porte toutes ces sommes à leur crédit, ainsi que celles des effets qu'ils présentent à l'escompte. Les paiements les plus importants se font, ainsi que nous venons de l'expliquer plus haut, de la manière la plus simple, par des virements de parties, en transportant des sommes d'un compte à un autre.

Si nous ne craignions pas de fatiguer votre attention en vous présentant d'autres exemples des moyens adoptés pour éviter non seulement tout mouvement inutile d'espèces, mais même de marchandises, nous vous parlerions des docks anglais, de la maison commerciale de Londres (1) et de la tentative des banques d'échange. Mais nous nous bornerons aux exemples que nous vous avons donnés et qui sont les principaux, d'autant plus que nous reviendrons plus tard sur les docks lorsque nous aurons à expliquer le mode de distribution des produits dans l'avenir.

C'est par ces compensations, par ces billets de banque, ainsi que par la masse des engagements particuliers et des lettres de change, que s'opère aujourd'hui la circulation de tous les produits ; l'argent ne sert plus que dans les relations tout-à-fait privées et trop peu importantes pour que le crédit ait pu l'en chasser ; il sert encore comme appendice dans les divers règlements des effets de commerce. Quand même cela n'aurait d'autre avantage que l'économie, c'en serait un très grand, car l'argent est un moyen de circulation coûteux, tandis que la valeur intrinsèque du papier est presque nulle.

Une chose bien remarquable, c'est que plus l'industrie a fait de progrès dans un pays, et moins la masse d'argent est forte relativement à celle des produits qui circulent. L'Angleterre est bien loin d'employer autant d'espèces que la France, elle n'en possède que le cinquième environ (2). Cela provient de ce que les banques y sont infiniment plus répandues que chez nous (toutes les

(1) Si quelques personnes désiraient avoir des renseignements étendus sur les docks anglais et sur la maison commerciale de Londres, nous leur conseillerions de lire un travail qui se trouve dans un ouvrage de M. Stéphane Flachat sur le projet d'un canal maritime à Paris.

(2) D'après Peuchet et Gerbaux, la France possédait 2,150,000,000, espèces en 1805.

L'Angleterre, d'après Smith, en possédait, en 1786, 450,000,000, et

villes en possèdent plusieurs), et de ce que la confiance dans le papier de crédit est très grande. Les Anglais ont prouvé dans une circonstance bien critique qu'ils comprenaient toute l'importance de cette organisation industrielle. La banque de Londres a été forcée pendant plusieurs années de suspendre ses remboursements en espèces ; si la circulation de ces billets eût été arrêtée, on ne peut pas dire quel ébranlement cela aurait produit non seulement en Angleterre, mais dans le monde entier, où ces billets ont cours. Eh bien ! tous les banquiers, tous les marchands et tous les négociants continuèrent à accepter ces billets comme de l'argent, et on évita ainsi une crise dont les effets eussent été affreux ; tandis qu'à Paris on s'est souvent porté en foule à la banque pour se faire rembourser, comme en 1814 et en 1815. — Nous aurons occasion de revenir là-dessus.

Nous nous sommes attachés jusqu'ici à démontrer la manière dont s'était opérée la circulation des produits dans la société. Nous avons fait sentir le progrès dans les *moyens* successivement adoptés soit pour obtenir de la part des propriétaires le prêt de leurs instruments aux travailleurs, soit pour les faire circuler dans la société, ainsi que tous les objets de consommation.

Vous avez dû remarquer que dans l'*échange en nature*, qui est le premier, il y a aussi peu de *sociabilité* que possible ; la *défiance* existe alors au plus haut degré. Dans ce système d'*échange direct*, les prêts ou les ventes à terme sont très restreints et le plus souvent nuls, par l'impossibilité dans laquelle est l'emprunteur de rendre les mêmes objets qu'il avait empruntés, ou la difficulté d'en trouver l'équi-

d'après Chalmers, 500 millions.

Ainsi entre la masse des métaux précieux employés par la France et ceux employés par l'Angleterre, il y a une différence de 1,800 millions environ. L'Angleterre, en les transformant en instruments de production, a augmenté sa richesse d'autant. Si la France l'imitait, cette économie serait presque l'équivalent de deux années de budget. Lorsqu'on demande de petites réductions d'impôt, lorsqu'un ministre refuse d'accéder au vœu de la chambre sur l'éducation du peuple, afin de ne pas augmenter la dépense de 50 millions, l'économie dont nous parlons n'est certes pas à négliger.

valent : ainsi d'un champ, d'une machine, d'une maison, etc. ; de sorte qu'à cette époque la prédominance des *propriétaires* sur les *travailleurs* est immense; l'industrie ne peut recevoir de grands développements, puisque le but de la circulation est loin d'être atteint, à savoir, celui de faire parvenir les produits dans les mains des hommes qui sont le plus capables de les perfectionner, ou du moins de les employer directement ou indirectement à leurs travaux. — Vous avez vu que l'adoption de la *monnaie*, favorisant les *échanges indirects*, étend les rapports des hommes entre eux, car elle procure un immense avantage, celui d'offrir la facilité d'évaluer les objets, d'une manière précise, en les rapportant à un mètre commun; elle permet de contracter des emprunts et de faire des achats à terme; qu'ainsi elle a puissamment contribué à l'amélioration du sort des travailleurs. Mais, malgré ces avantages relatifs, l'usage de la monnaie témoigne encore de la *défiance* qui règne parmi les hommes, puisqu'on ne veut se défaire d'un produit que contre un gage *matériel*.

Les fausses notions qui dans ces trois derniers siècles ont existé sur l'argent ont porté de graves atteintes à la prospérité des nations ; elles ont établi la *lutte* entre tous les peuples. Ces erreurs se conçoivent de la part d'hommes d'état qui jusqu'alors n'avaient eu que des habitudes de guerre et d'antagonisme; mais il est à déplorer qu'on laisse subsister encore les traces de cette barbarie primitive, et qu'on ne cherche pas à changer successivement les rapports de *lutte*, de *monopole*, d'étroit *individualisme*, en un mot, qui existent entre toutes les nations : nous voulons parler des douanes, des primes d'exportation et des droits mis à l'importation; droits qui équivalent souvent à des prohibitions. Toutes ces barrières ont été établies parceque chaque peuple s'imaginait que c'était le moyen de faire pencher en sa faveur, comme l'on dit, la *Balance du commerce*.

Ces mauvaises institutions proviennent de l'idée généralement répandue que la richesse d'un peuple était en rapport avec l'argent qu'il possédait : on pensait que plus il en recevait plus il était riche ; la possession des métaux précieux était ainsi considérée comme un *but* au lieu de n'être envisagée que comme un *moyen*, comme un agent de la circulation ; car le but réel de la *production*, c'est en définitive la *consommation*. Aussi, par suite de cette erreur, chercha-t-on à favoriser, de toutes les manières, l'exportation des produits indigènes, et à empêcher autant que possible l'importation, de l'étranger, des produits autres que l'argent. Quand on avait vendu à un peuple plus de marchandises qu'on ne lui en avait acheté, on se croyait en bénéfice; car dans un cas on avait une balance en *argent* à recevoir, et dans l'autre il aurait fallu en payer une. Ce fut une guerre réciproque de douanes qui eut pour effet de donner dans chaque pays une fausse direction à la production, car l'élévation des droits obligea chaque peuple à se procurer sur son propre sol une foule de marchandises qu'il aurait pu acheter au dehors à des conditions fort avantageuses.

Les beaux travaux de Quesnay, de Smith, et de tous les économistes anglais, ont porté sur toutes ces questions une vive lumière; nous devons rendre également justice aux efforts tentés par M. Say pour populariser en France des idées fort avancées.

Tous ces économistes ont nettement démontré, d'une part, que l'*argent* n'était qu'une des parties de la richesse sociale, que les *produits* s'échangeaient contre les *produits*, et que les entraves que chaque nation mettait à l'importation étaient autant d'obstacles qui arrêtaient l'écoulement de ses propres marchandises; qu'en résultat les primes d'exportation et les droits d'importation retombaient toujours sur les *consommateurs* ou sur les *contribuables*; et, d'une autre part, qu'il valait mieux recevoir en échange des instruments directs de travail et de consommation, comme des machines, des vêtements, etc., que d'accumuler chez soi des trésors improductifs; car on ne mange pas avec de l'*argent*, on ne se vêt pas avec de l'*argent*, mais bien avec les *produits* qu'il représente; que du reste ces prétendues balances de commerce contre tel ou tel peuple n'étaient que des illusions : car elles étaient compensées par d'autres balances défavorables avec d'autres nations. Si vous vous rappelez d'ailleurs ce que nous vous avons dit sur la *lettre de change*, vous verrez que l'*argent* ne joue de rôle que dans l'imagination de certains publicistes. Pour en terminer sur ce point, comparons la prospérité des peuples qui ont possédé le plus d'argent, avec la prospérité des nations dont le développement industriel était la seule richesse : d'un côté voyez l'Espagne, voyez l'Orient, qui thésaurisent, et d'un autre côté voyez la France et l'Angleterre.

Cependant, comme dans tous les faits où se manifeste le plus l'imperfection humaine il y a une face progressive, nous ne condamnons pas, pour le passé, le système de prohibition et celui d'encouragement à l'intérieur; car, quelque aveugle qu'ait été cette direction donnée à l'industrie, elle a eu cependant pour résultat de réaliser en quelque sorte une expérience universelle qui a permis d'acquérir des documents précieux sur la direction nouvelle qu'il convient d'imprimer au système industriel, et sur la division des travaux qui doit être faite entre tous les peuples.

Cette direction a encore été fort utile sous ce rapport qu'elle a servi à pousser activement la société dans les voies du travail pacifique, à faire triompher les industriels des obstacles que leur présentait l'exploitation du monde extérieur, et qu'elle a puissamment concouru à favoriser le développement des sentiments et des habitudes qui ont amené la destruction d'un état social fondé sur la guerre.

Nous devons encore parler d'un autre préjugé fort répandu, et auquel l'existence de l'argent a donné naissance : c'est celui qui consiste à croire que les riches par leurs dépenses *font aller* le commerce. Vous savez qu'un des reproches les plus graves que l'industrie souffrante adresse aux partisans de Charles X, c'est que, dit-on, ils restreignent leur consommation afin d'augmenter la gêne des travailleurs. Conformément aux principes de cette économie politique, c'est de la part des propriétaires ou capitalistes une bonne action que d'étaler le luxe le plus fastueux, ou bien de consommer en une joyeuse soirée les produits d'un immense travail.

Cette illusion cesserait bientôt si, au lieu de payer à ces propriétaires le montant de leurs fermages, loyers ou intérêts en *argent*, on le leur fournissait en *nature*, en *produits* de leur consommation. On verrait bien vite alors que ce ne sont pas les riches *oisifs* qui font aller l'industrie, mais que c'est l'*industrie* qui les *fait aller* eux-mêmes, car elle les nourrit largement et leur procure toute sorte de jouissances, sans qu'ils aient mérité cette *rétribution* par aucun travail.

Il y a cependant quelque chose de légitime dans cette opinion des travailleurs sur la consommation des riches. En effet, dans l'état actuel de la société, de riches *oisifs* peuvent commander du travail, et donner une certaine direction à la production. Et lorsque, par l'effet d'une circonstance quelconque, ils cessent de consommer les objets qu'on a créés pour leur usage, l'atelier social est dérangé, les objets restent invendus ou ne peuvent être écoulés qu'avec perte; il y a souffrance.

Mais la cause permanente de la souffrance, celle qui est le plus directe, ce sont ces redevances que le travail paie à l'oisiveté; ce sont, en d'autres termes, les produits que l'industrie consacre à l'entretien d'hommes complètement inutiles à la société. Au fur et à mesure que ces redevances diminueront, non seulement le bonheur des travailleurs augmentera, mais la production pourra devenir bien plus régulière : car elle aura une base large et constante, celle des besoins des masses, tandis que la consommation des riches est une base qui varie brusquement, suivant la mode et le caprice.

L'introduction des *titres de crédit* fut dans le développement industriel un pas immense. Ils établirent entre les travailleurs de tous les pays une association spirituelle, véritable religion qui les lia étroitement. La fidélité avec laquelle tous les commerçants tenaient à faire honneur à leur signature fut comme une dévotion. Ils mobilisèrent tous les instruments de la production et facilitèrent ainsi leur passage dans les mains de ceux qui savaient le mieux les employer; ils permirent aux travailleurs, faibles alors, de soustraire les produits de leurs labeurs à la rapacité de leurs chefs. Leur origine le démontre suffisamment, car c'est aux Juifs, qui de tous étaient les plus opprimés, qu'est due l'invention de la lettre de change. Enfin, depuis l'introduction des titres de crédit, les travailleurs eurent une organisation qui leur fut propre, et cette organisation leur donna une très grande puissance vis-à-vis des propriétaires oisifs, avec lesquels ils n'avaient eu jusque là que des rapports individuels.

Néanmoins, quelque grands qu'aient été les progrès que nous constatons, le vice radical des divers modes adoptés pour la distribution des produits dans la société, c'est la *lutte* exprimée dans sa forme la plus générale par la *vente* et l'*achat*. Cette *lutte* existe d'une manière permanente dans tous les rapports de peuple à peuple, d'individu à individu : elle absorbe l'activité d'une foule d'hommes, et tous cherchent à se tromper réciproquement. Ces habitudes sont devenues tellement naturelles, elles sont même, disons-le, dans l'état actuel des choses, tellement nécessaires, qu'on est parvenu à se tromper soi-même sur la moralité de ces actes. Ainsi tantôt le vendeur cherche à profiter de la bonne foi ou de la crédulité de l'acheteur, et tantôt ce dernier profite à son tour de la position du premier pour obtenir ses produits à vil prix, et contribue souvent par là, sans éprouver le moindre remords, à hâter sa ruine.

Nous reviendrons sur ces considérations dans notre prochaine leçon.

Quoique l'adoption des *titres de crédit* indique la décroissance de la *défiance* relativement à ce qu'elle est dans l'échange en nature ou par la monnaie, cependant elle existe encore ici à un très haut degré ; car tous ces titres sont fondés sur la garantie *argent*. Les uns, comme les billets de banque, ne circulent que par la croyance dans laquelle on est qu'ils peuvent être échangés à tout instant contre des espèces ; les autres, comme tous les engagements des industriels, ne sont que des promesses de remboursement à des époques plus ou moins rapprochées ; ce qui indique l'état provisoire du crédit tel qu'il est constitué aujourd'hui.

Il est facile de voir comment, dans des moments de crise, cette défiance devient la cause des plus grandes perturbations.

En effet, le mode le plus général du passage des capitaux des mains des propriétaires ou des banquiers dans celles des travailleurs, c'est celui de l'escompte de leurs billets ou promesses. Lorsque arrive l'époque de l'échéance de ces promesses, les travailleurs, en temps ordinaires, en émettent d'autres qui sont de nouveau escomptées par les capitalistes, et ils paient les anciennes avec le produit des nouvelles. C'est donc par le renouvellement régulier de leurs engagements qu'ils restent toujours possesseurs des instruments de leurs travaux ; mais s'il survient une crise politique ou industrielle, et malheureusement elles ne sont que trop fréquentes, la peur se glisse dans les rangs de tous les porteurs d'effets de l'industrie, et, saisis de la crainte de perdre leur fortune, ils ne veulent plus consentir à la majeure partie des renouvellements. De là la nécessité de remboursements imprévus ; on force la consommation en anticipant la vente de ses marchandises et en les livrant sur les marchés à vil prix ; mais, quels que soient les efforts qu'on fasse, la liquidation en *argent* de tous les *titres de crédit* étant impossible, car la somme *espèces* est généralement très petite relativement à la masse de tous les autres *produits* qui existent dans la société et qui représentent véritablement les sommes prêtées, la suspension de la plus grande partie des travaux devient inévitable, les faillites se multiplient et entraînent la ruine d'un grand nombre d'industriels habiles et honorables.

Voilà certes, messieurs, de quoi exciter en vous de graves réflexions.

Nous terminerons le tableau que nous avons entrepris de vous tracer par une considération générale sur l'emploi du papier.

Ricardo, à la fois banquier et économiste célèbre, a dit que la monnaie serait à son état le plus parfait si elle était de papier. — Cependant, messieurs, vous avez tous présents à votre mémoire les désordres que le papier-monnaie a entraînés à sa suite. Vos pères vous ont appris à prononcer avec effroi le nom de Law, par exemple ; tout ce qui rappelle la gigantesque entreprise de cet homme inspire tant de défiance, qu'il a suffi qu'il ait donné à ses vues sur le crédit le nom de *système*, pour que ce mot ait été flétri pendant long-temps (1). La monnaie exclusive de papier offre certainement les plus grands inconvénients dans notre état social : on pourrait citer des exemples très nombreux de pertes que son usage a occasionées, soit en Angleterre, soit en Amérique (2). Ces inconvénients tiennent tous à ce qu'il y a absence complète d'organisation dans l'industrie, de confiance parmi les travailleurs ; il n'y a pas association entre eux, il n'y a pas *religion*. Aussi sommes-nous convaincus que la substi-

(1) La réalisation de ce système était non-seulement prématurée, mais ce système lui-même, assis sur des bases incomplètes, a été surtout gâté par le régent.

(2) Nous ne parlons pas ici des *assignats*, l'emploi qu'on en fit tient à des circonstances toutes particulières et à la nécessité pressante dans laquelle se trouvait l'état de se procurer à tout prix de grandes ressources. Cette question mérite d'ailleurs d'être traitée à part.

tution complète du papier à la monnaie, puis enfin la disparition du papier lui-même sont des mesures qui doivent marcher parallèlement avec le progrès des sentiments de *sociabilité* et avec l'application successive d'un système d'organisation industrielle dans lequel tous les efforts seront de plus en plus harmonisés.

Nous avons cherché à vous montrer le progrès de la *confiance* dans les relations industrielles ayant pour but la distribution des produits dans la société. Nous vous avons fait voir, malgré ces progrès, l'existence de la *lutte*, de la *défiance*, de l'*individualisme*. Dans la prochaine séance, nous vous exposerons nos vues sur l'organisation future de la société sous le rapport matériel; nous vous mettrons à même d'apprécier la simplicité du mécanisme que nous concevons comme le résultat de tous les efforts des hommes dans le passé, par la comparaison que nous en ferons avec ce qui existe. Nous vous développerons dans une autre leçon les moyens de crédit par lesquels nous pensons que la société s'acheminera vers ce nouvel ordre de choses. Et, indépendamment du bonheur qui en résultera pour tous, vous sentirez, messieurs, l'immense amélioration que cela déterminera dans la morale privée et dans la morale publique.

DEUXIÈME LEÇON.

(16 et 24 septembre 1831.)

DE LA VALEUR, DE L'ÉCHANGE ET DE L'ARGENT.

TRANSFORMATION DE LA VALEUR, DE L'ÉCHANGE, DE L'ARGENT, DANS L'ORGANISATION MATÉRIELLE DE L'AVENIR.

Dans notre dernière leçon nous nous sommes attachés à vous montrer le progrès de la *confiance* des hommes entre eux dans leurs relations industrielles. Nous avons pris ces relations à l'époque où la *défiance* existe de la manière la plus complète, dans l'échange direct en nature; nous avons constaté la diminution de cette défiance dans l'échange indirect, au moyen de l'adoption d'une commune mesure de toutes les valeurs, de la monnaie d'or et d'argent; nous vous avons développé les avantages que l'emploi de cet agent de la circulation des produits avait procurés aux travailleurs, avantages qui consistent dans la facilité qu'ils acquirent ainsi et d'accumuler un pécule, et de contracter des emprunts; nous vous avons montré enfin l'élan que l'introduction de la lettre de change et de tous les autres titres de crédit avait imprimé à la production des richesses. Vous savez maintenant l'heureuse influence que cette nouvelle forme des titres de propriété exerça sur le sort des travailleurs, car elle leur permit de former par toute la terre une sainte ligue pour résister à l'arbitraire des nobles ou des militaires, et de constituer une organisation industrielle, fort imparfaite sans doute, même de nos jours, au moyen de laquelle les travailleurs des rangs les plus obscurs purent se faire représenter par leurs chefs naturels; vous avez vu que ceux-ci, par une lutte que leur position leur permit de continuer avec succès, facilitèrent le passage des instruments de la production dans les mains de ceux qui étaient le plus capables de les exploiter, et diminuèrent successivement les charges que l'*oisiveté* faisait peser sur le *travail*.

Nous avons fait passer sous vos yeux ces grandes ébauches de l'organisation industrielle de l'avenir, ces institutions de banque où la valeur *personnelle* commence à être appréciée, et par lesquelles on s'efforce de substituer à l'argent, comme moyen de distribution de tous les produits, la garantie *morale* de toute l'industrie.

Certes, messieurs, si nous nous étions bornés à vous décrire ces faits comme tous les économistes, c'eût été peut-être pour quelques uns d'entre vous, étrangers aux opérations commerciales, un tableau curieux; mais nous n'aurions pas atteint le but que nous nous étions proposé, celui de vous montrer dans l'enchaînement d'une série de faits homogènes la vérification de cette grand loi que nous retrouvons partout : *La décroissance successive de l'oisiveté, le progrès vers l'association universelle* des travailleurs. Nous vous avons ainsi préparés à comprendre que nos vues sur l'avenir de la société n'étaient pas seulement le rêve d'hommes de bien, mais le terme inévitable de tous les pas faits jusqu'ici; qu'il ne s'agissait pour les réaliser que de féconder les germes nombreux qui existent dans le présent.

La religion n'est plus pour nous ce lien vague et mystique qui attache l'individu à un dieu pur esprit, cherche à le séparer du monde, et lui fait envisager la magnificence et la beauté que la nature déploie incessamment devant lui, comme des pompes de Satan. — Ah ! nous avons une notion bien plus élevée de Dieu et de la religion. Dieu vit aussi dans la *matière*, car tout est *lui*, c'est la manifestation *matérielle* de Dieu lui-même qui par l'*industrie* est embellie. La religion est ce qui lie les hommes entre eux et avec le monde extérieur; or tout progrès vers l'*association*, tout progrès dans l'exploitation du globe terrestre est un progrès éminemment religieux.

C'est pourquoi nous venons annoncer la réhabilitation de l'industrie, l'émancipation définitive des travailleurs et leur complète association.

L'individualisme existe pourtant à un haut degré dans la société actuelle, la concurrence désole l'industrie; c'est que les travailleurs

ont eu tant à lutter contre un passé qui les opprimait, qu'ils ont cru
que la lutte était l'état définitif de l'humanité ; c'est que leur véritable destination ne leur a pas été révélée, car ils n'ont pas encore eu
le loisir de tourner leurs regards vers l'avenir. Or nous leur disons
aujourd'hui que la *ruse*, la *défiance* et la *lutte* sont appelées à cesser, car les frelons disparaîtront bientôt de la ruche, et les travailleurs n'auront plus à leur disputer péniblement la part du miel
qu'eux seuls ont préparé avec tant d'ardeur. Nous le leur disons au
nom de tous les progrès qu'ils ont accomplis, au nom de leurs souffrances actuelles, au nom de Saint-Simon qui nous a appris les
choses que nous leur enseignons.

Mais qu'ils sachent bien que tout progrès dans l'organisation industrielle est intimement lié à un progrès moral ou religieux.

Et maintenant nous allons essayer, messieurs, de dérouler sous
vos yeux le tableau de l'avenir sous le rapport matériel. Nous ne
vous le tracerons cependant qu'à grands traits, car nous craindrions
d'être infidèles à la loi de la perfectibilité humaine, si nous ne lais-
sions aux générations qui nous succèderont le soin d'améliorer une
foule de détails plus ou moins importants et que nous ne pouvons
entrevoir que d'une manière imparfaite. — Nous ne voulons point
d'ailleurs emprisonner l'humanité dans des formes *absolues*, *invariables* ; nous savons que la *pratique* viendra souvent rectifier ou
plutôt *compléter* les données de la *théorie*. Mais nous ne devons point
nous refuser à satisfaire, dans des termes généraux, à ce besoin que
vous éprouvez de pénétrer plus avant dans l'avenir.

Le but de la société dans l'avenir doit être le développement de
la *morale*, de la *science* et de l'*industrie*. Il doit donc y avoir trois
classes d'hommes, des *gouvernants*, *moralistes*, ou des *prêtres*, comme
on les a appelés dans le passé ; des *savants* ou *théologiens*, et des
industriels. Les gouvernants-généraux sont ceux qui lient les savants
et les industriels entre eux, les représentants de la théorie et ceux
de la pratique, et qui dirigent tous les travaux vers le grand but de
l'amélioration du sort moral, physique et intellectuel de la classe
la plus nombreuse ; mais il y a aussi des gouvernants dans le sein
de la science et dans celui de l'industrie. La fonction de ces hommes,
dans chacune de ces spécialités, est de lier dans la *science* les travaux

de *perfectionnement* des théories et les travaux d'*enseignement*, dans l'*industrie* la *production* et la *distribution* des richesses.

Les hommes que nous désignons pour le moment sous le nom de *gouvernants* sont ceux qui ne considèrent la science et l'industrie que sous le rapport de leur influence sur le bonheur de la société. Ils veulent rendre les hommes MORAUX, *éclairés* et *riches*; or c'est à eux que sera confiée la plus haute, la plus sacrée de toutes les fonctions sociales, celle de classer et de rétribuer tous les individus, de déterminer leur valeur. Les gouvernants-généraux inspirent les savants et les industriels, ils font passer la science chez les industriels et la richesse chez les savants. La rétribution est donc de trois natures; à savoir : *jouissance des beaux-arts, instruction, et aisance matérielle.*

Nous n'avons à nous occuper ici que de la rétribution matérielle.

Or, comme nous l'avons déjà indiqué plus haut, les gouvernants-généraux font trois parts des produits de l'industrie : la première sert à renouveler et accroître le fonds de la production, à procurer aux industriels cette aisance, ces jouissances matérielles qui sont pour eux la récompense la plus agréable; la seconde est destinée aux hommes qui conduisent la société, dirigent et combinent les efforts dans toutes les directions; nous disons la seconde, car chez ces hommes, les besoins matériels ne doivent point l'emporter sur ceux de l'esprit, et d'ailleurs la récompense qu'ils ambitionnent avant tout, c'est l'amour, l'acclamation de leurs inférieurs; la troisième enfin vient servir à l'entretien des savants qui sont disposés, par la nature de leurs occupations et de leurs goûts, à des habitudes de modération et de simplicité. Dans ces trois classes sont compris les vieillards et les enfants.

FONCTIONS DES GOUVERNANTS DE L'INDUSTRIE.

Les gouvernants de l'industrie dirigent la production d'après la connaissance qu'ils ont des besoins de toutes les classes, et ils dirigent aussi la satisfaction de ces besoins, la distribution de toutes les richesses produites. Ce sont eux qui sont chargés d'assigner la rétribution aux industriels de la production et de la distribution. Leur action générale au sommet va se spécialisant de plus en plus, elle embrasse l'ensemble et les détails.

La classe d'hommes dont les fonctions peuvent le mieux nous aider à comprendre ce que doivent être les gouvernants de l'industrie, c'est la classe des *banquiers* ; et ici ce sont moins les personnes que nous voulons désigner, que la *fonction* qu'ils accomplissent, pour la plupart, sans avoir conscience de son importance. — Ce sont eux en effet qui procurent au travail les capitaux dont il a besoin, et dirigent ainsi la production ; ce sont eux encore qui règlent, au moins indirectement, la distribution des richesses par les crédits qu'ils accordent aux négociants, par la facilité qu'ils leur offrent de recouvrer par toute la terre les sommes qui leur sont dues, et enfin par les spéculations auxquelles les capitaux qu'ils possèdent et le crédit dont ils peuvent disposer leur permettent de se livrer eux-mêmes. — Ils s'efforcent, en un mot, de mettre en harmonie la production et la consommation ; mais, par suite de l'absence complète de combinaison dans leurs efforts, ils sont loin d'obtenir les résultats qu'ils désirent. — Vous pourriez encore concevoir, mais avec toute la différence qu'il y a entre le monopole et la liberté, un analogue des prud'hommes, maîtres, estimateurs-jurés. Si vous vous représentez encore les ministres, les préfets, les maires, transformés en directeurs de l'industrie d'un royaume, d'un département, d'une cité, et présidant aux travaux de la fabrication et du commerce, au lieu de ne remplir, comme aujourd'hui, qu'une œuvre mesquine d'administration ; si vous concevez autant d'adjoints ou de conseillers que cela sera nécessaire pour les besoins de ces fonctions, vous aurez une idée assez exacte des hommes dont nous parlons, et il vous sera d'autant plus facile de comprendre comment leurs travaux pourront se coordonner et embrasser la société dans son ensemble et dans ses plus minces détails, que vous avez sous les yeux l'aspect d'une organisation, d'une hiérarchie toute formée.

L'ASSOCIATION SUCCÈDE A LA LUTTE DANS LA SÉPARATION DES PRODUITS.

Tous les hommes étant associés, toutes les fonctions dans les beaux-arts, dans la science et dans l'industrie, étant des fonctions publiques, il n'y a plus lieu, ainsi que nous l'avons indiqué dans

notre première leçon, à déterminer le *prix* des produits et à conserver par conséquent un signe *individuel* de la valeur, soit en argent,
soit en papier; car il n'y a plus échange sous la forme de *vente* et
achat, mais bien distribution générale des richesses suivant les fonctions de chacun. — Ainsi tous les travailleurs auront toujours à leur
disposition les instruments dont ils auront besoin; pour cela il n'est
pas nécessaire de les estimer en argent, il suffit qu'on ait jugé utile
de fournir à chaque individu tels ou tels objets. — Il en est de même
actuellement pour les divers services publics; on donne à tous les soldats leurs armes, aux marins de l'état des vaisseaux; mais il est tout-
à-fait inutile d'estimer en argent ces armes et ces vaisseaux dans le
compte des soldats ou des marins: cela n'est nécessaire qu'entre
les fournisseurs et l'état, parceque entre eux il y a *lutte*. On cherche
même, dans l'intérêt commun, à veiller à ce que les soldats et les
marins aient les meilleurs fusils et les meilleurs vaisseaux. Mais là
où il y a des actionnaires, des bailleurs de fonds, il y a estimation
forcée, et la difficulté que les industriels éprouvent à se procurer
des capitaux les empêche d'introduire dans leurs ateliers des machines perfectionnées. Dans les familles, les enfants n'évaluent pas en
argent les services qu'ils peuvent rendre à leurs parents, et réciproquement: vous savez qu'on dit de certains fils de famille à qui il ne
manque rien, qu'ils ne connaissent pas la *valeur* des choses.
Mais hors de la famille, là où finit l'association, tout est évalué,
tout se paie aujourd'hui. Il n'y aura lieu alors à s'occuper, quant à
la répartition des produits, que des quantités et des qualités, et non
d'une valeur quelconque exprimée en *argent*. Il n'y aura plus *profits*
ou *pertes* pour des individus; car tout travail étant fait pour la société, tous sont solidaires. La seule règle de la rétribution, c'est la moralité, l'habileté et l'activité déployées dans chaque fonction, et cette
règle est trouvée par l'inspiration des supérieurs, aidée, vérifiée par
la manifestation, par l'expression libre des besoins des inférieurs.

« Comment, demandera-t-on, cette répartition en nature pourra-
t-elle s'établir en l'absence d'argent?»... L'embarras est grand, nous
en convenons, dans la solution de cette question, pour un homme
placé, comme tous le sont en dehors de nous, au point de vue de
la défiance: on doit éprouver un peu de peine à concevoir l'établis-

sement d'un ordre et d'une confiance tels que tous les produits circulent dans la société avec une facilité, une simplicité, une économie incomparablement plus grandes que ce qui se passe de nos jours.
C'est pourtant ce qu'il nous sera facile de démontrer. Mais faisons d'a-
bord comprendre, par une comparaison tirée du présent, l'ordre futur, tout en vous prévenant d'avance que la comparaison n'a de valeur que pour mieux faire saisir notre pensée ; nous repousserions
de toutes nos forces une similitude absolue.

ORGANISATION INDUSTRIELLE DE L'AVENIR, GERMES DANS LE PRÉSENT.

Dans l'armée il y a des corps de génie, d'artillerie, de cavalerie,
d'infanterie ; dans la cavalerie il y a des hussards, des dragons, etc. ;
dans l'infanterie il y a des grenadiers, des chasseurs, etc. Chacun
est élevé par ses chefs directs dans la hiérarchie. La rétribution de
ces divers corps est différente, et il y a des munitionnaires chargés
de distribuer à chacun de ces corps et à chaque individu cette rétribution en nature ; mais il y a en outre une solde payée en argent, a-
fin de satisfaire les goûts particuliers, intimes, de chaque individualité.

Dans la société de l'avenir, la famille des travailleurs pacifiques sera mieux organisée que celle des soldats, le travail pacifique se fera
avec plus de régularité, de précision, que celui de la destruction ; et
dans ce but les industriels seront divisés en corps suivant leurs spécialités diverses, suivant la division introduite dans les fonctions ; et,
comme dans l'armée, dans les manufactures, dans les maisons de
commerce, chacun montera dans la hiérarchie par le choix de ses
chefs directs. — Il y aura, par exemple, dans chaque commune,
dans chaque bourg, dans chaque arrondissement d'une grande ville,
des associations de cordonniers, de tailleurs, d'imprimeurs, de fabricants de chapeaux, de distributeurs de tous genres, etc. Toutes ces
associations seront reliées entre elles et à des centres de plus en plus
généraux, et elles agiront bien mieux que l'armée sous l'impulsion
d'une direction unitaire. Mais gardez-vous bien de chercher aucune
ressemblance entre ces institutions, qui ont d'autre but que d'harmoniser les efforts de tous, et les corporations qui sont tombées à juste
titre, parcequ'elles n'avaient d'autre principe d'existence que le *monopole*, *l'exclusion* de tous les nouveaux travailleurs. Ces institutions

gênantes, fiscales et vexatoires ne peuvent plus trouver place dans l'association universelle.

La nécessité de ces réunions, dans un même lieu, des personnes livrées aux mêmes travaux s'est déjà fait sentir depuis long-temps. Nous en avons de nombreux exemples, soit dans divers quartiers de Paris, soit dans diverses villes de France; ainsi à Paris le quai des Orfèvres, le quai des Libraires, la rue de la Verrerie pour la droguerie, le faubourg Saint-Antoine et la rue de Cléry pour l'ébénisterie, le faubourg Saint-Marceau pour la tannerie, l'entrepôt des vins, la Halle aux blés, les chantiers pour la vente du bois, etc. — Et dans la France : Saint-Étienne pour les charbons et les rubans ; Mulhouse, Saint-Quentin, pour les toiles peintes ; Lyon pour la soierie, Rouen pour les filatures de coton, Louviers, Castres, Lodève, Sedan, Elbeuf pour les draps ; Laigle pour les épingles et la quincaillerie, etc. — Mais il y a entre ce qui existe aujourd'hui dans quelques endroits seulement, et ce que nous prévoyons pour l'avenir, cette différence fondamentale, que dans un cas il y aura *association*, union d'intérêts ; tandis que dans l'autre, les personnes qui, dans la même industrie, trouvent de l'avantage à se rapprocher les unes des autres, ne sont pas le moins du monde associées. Ce sont au contraire des ennemis naturels qui usent de toutes les ruses du métier pour s'enlever réciproquement des clients, et qui sont toujours en garde contre un abandon, un laisser-aller dont un confrère habile pourrait profiter à leur détriment. Loin de se communiquer entre eux les moyens qu'ils peuvent avoir trouvés de simplifier leur travail, chacun n'a d'autre pensée que celle de ruiner son voisin et de conquérir un monopole plus ou moins étendu.

Nous n'avons parlé jusqu'ici que des industriels qui avaient eu le bon esprit de se réunir dans un même lieu ; quant aux autres, qui se fuient réciproquement, il résulte de leur isolement, de leur hostilité réciproque, que le désordre, la divergence la plus absolue d'efforts, règnent soit dans la production des richesses, soit dans le commerce qui a pour but de les répartir.

Nous n'avons fixé votre attention que sur l'organisation du travail dans l'avenir et dans le présent. Parlons maintenant de la constitution des familles.

FAMILLES.

Dans la société fu.ure, comme les intérêts ne seront pas divers, les sympathies naturelles pourront librement se développer comme dans l'armée, où la camaraderie, la fraternité, existent entre les soldats, parcequ'ils sont unis, associés pour une œuvre commune; ainsi, le rapprochement cortinuel des hommes livrés aux mêmes fonctions, animés des mêmes désirs, des mêmes espérances, donnera naissance à de nouvelles familles inconnues de nos jours, familles d'*élection*, dont les membres participeront à une vie commune, dans le sein desquelles ils viendront se délasser de leurs travaux, puiser de nouvelles forces, et où ils jouiront de tous les avantages de la sociabilité. L'économie intérieure qui résultera de la constitution de ces nouvelles familles sera immense.

Nous pourrions vous offrir dans le passé des exemples nombreux de cette vie commune dont nous parlons; nous pourrions vous montrer les *monastères*, les *couvents*, les *casernes*, où, malgré la *sévérité* de la règle à laquelle les individus étaient soumis, il y a eu pendant long-temps, pour les membres qui composaient ces familles incomplètes, du bonheur à être réunis, soit pour les travaux qu'ils accomplissaient en commun, soit pour la satisfaction de leurs besoins. Que sera-ce donc lorsque ces familles ne seront plus formées d'hommes ou de femmes seulement, mais de couples; et lorsque l'harmonie des efforts, la conformité des goûts, seront telles qu'ils se sentiront tous vivre en quelque sorte les uns dans les autres? Nous croyons qu'il est superflu de vous dire que nous ne prenons ces exemples que pour vous faire comprendre la possibilité d'associer *complètement* des individus animés d'une même foi et se livrant aux mêmes travaux. Or aujourd'hui les sentiments que devraient éprouver les uns pour les autres les individus qui suivent la même carrière sont étouffés par la concurrence à laquelle ils sont obligés de se livrer. Aussi, dans cet état de lutte des intérêts, indépendamment de la souffrance morale qui en résulte, y a-t-il perte de forces considérable. Il y a autant d'administrations, de ménages, que de petites familles. Nous ne citerons qu'un exemple que chacun de vous a été à même de vérifier : on rencontre souvent dans la même maison, sur le même palier, plusieurs tailleurs; il y a autant de ménages et autant de femmes absorbées par les soins qu'ils exigent. Étendez cet exemple, et vous aurez une image fidèle de la société tout entière.

MODES DE DISTRIBUTION DES PRODUITS DANS LE PRÉSENT ET DANS L'AVENIR.

Nous allons examiner maintenant le mode de distribution des produits : aujourd'hui c'est par la *vente* et l'*achat* que cette distribution s'opère. Ce mode est vicieux *matériellement*, sous le rapport de l'économie des forces, et parcequ'il ne permet pas de régulariser la production; mais il est *immoral*, en ce qu'il établit dans la société une *lutte* permanente. Dans le commerce il faut mettre tout sentiment de côté; vous connaissez ce vieil adage : *On ne doit pas faire d'affaires avec ses amis.* Ces paroles renferment la critique la plus naïve et la plus vraie des relations commerciales actuelles; mais il faut rendre justice au sentiment délicat qui les a dictées, c'est un avertissement à l'aide duquel on a évité de briser bien des liens. Dans l'avenir, au contraire, on peut affirmer que les amis les plus intimes seront ceux qui auront entre eux les rapports d'affaires les plus fréquents, car les personnes qui auront les mêmes habitudes, les mêmes goûts, seront *associées* dans leurs travaux.

Dans l'avenir, dès que les produits seront achevés, les *distributeurs* s'en empareront pour les répartir d'après la *règle* donnée par les *gouvernants* de l'industrie, dont une des principales fonctions consistera à recueillir l'expression des besoins de tous les individus, et à modifier constamment la production d'après la manifestation progressive de ces besoins. Alors chaque manufacture sera régulièrement approvisionnée de tous les instruments, de tous les objets qui lui seront nécessaires; et un manufacturier ne sera pas obligé, comme il l'est aujourd'hui, d'attendre pour renouveler son travail qu'il ait des produits à *échanger*. Cette position est telle que souvent, avec une usine, des machines, des matières premières, si l'on n'a pas momentanément de quoi payer le salaire des ouvriers, le travail est interrompu. On peut avoir une idée de la manière dont la répartition de tous les produits se fera dans la société, par ce qui a déjà lieu aujourd'hui soit pour la distribution des eaux dans Paris, soit pour celle du gaz, et d'une manière fort imparfaite par l'existence des cafés, tables d'hôte et restaurants. Dans un cadre plus resserré on peut offrir l'exemple de quelques manufactures où les ouvriers sont logés et nourris, où leurs enfants même reçoivent l'éducation. Ajoutons encore celui de la rétribution faite par l'état à un grand nombre de fonctionnaires publics, en logement, chauffage, etc., et quelquefois en objets de luxe, comme voitures, ornements intérieurs, etc.

Mais c'est surtout l'exemple de ce qui se passe dans les docks anglais qui est de nature à vous faire bien sentir l'avantage et la possibilité d'une distribution de produits, d'un centre commun à tous les points de la circonférence. Les docks anglais sont des canaux sur le bord desquels sont établis les magasins de la ville de Londres ; ils renferment toutes les marchandises coloniales et une foule d'autres. — Les propriétaires de ces marchandises ne s'inquiètent d'aucun soin. Les directeurs de ces docks s'occupent du déchargement, constatent les avaries, déterminent les quantités et les qualités, distribuent et classent ces marchandises par espèces. — Il y a une grande économie dans cette organisation, car toutes ces opérations n'exigent qu'un très petit nombre d'hommes ; tant il règne d'ordre et de précision dans le travail. Les machines les plus ingénieuses sont employées soit pour débarquer chaque espèce de marchandises et l'emmagasiner, soit pour la retirer du magasin.

Les ouvriers sont organisés en brigades, il y a des brigades de tonneliers, de marqueurs, etc. Le propriétaire n'intervient que pour réclamer une reconnaissances qui est son titre de propriété : on nomme ces reconnaissance *warrant;* ces *warrant* portent l'indication de la quantité, de la qualité et du déchet de chaque marchandise ; et comme ces marchandises sont l'objet d'une grande spéculation avant qu'elles ne soient employées, ces *warrant* passent de main en main jusqu'à ce qu'ils arrivent dans celles des consommateurs, et c'est alors seulement que les marchandises sortent du magasin. C'est ainsi que, d'un centre commun, elles se distribuent non seulement dans toute la

ville, mais dans toute l'Angleterre et sur tout le Continent (1). A
Paris chaque négociant a un magasin, des garde-magasins; il est
obligé d'avoir des commis pour tenir toutes les écritures relatives à
l'entrée et à la sortie des marchandises; chaque achat, chaque vente,
nécessite des mutations, des frais considérables de transport. Vous
pouvez juger de l'embarras et du travail que cela occasione, par
le grand nombre de camions qui encombrent les rues de Paris.

Il y a à Saint-Pétersbourg des corporations qui sont associées entre elles; les membres se partagent le travail, et les bénéfices sont
proportionnés aux services de chacun; beaucoup de ces membres
sont aussi associés pour leurs dépenses. Nous pourrions citer encore les br des de portefaix *organisées* qui existent au Havre, à Bordeaux et à Marseille; elles font tout le service de transport.

Nous nous hâtons cependant de prévenir une erreur dans laquelle
vous pourriez tomber, si vous pensiez que nous voulons faire répartir de cette manière tous les produits. Oh! alors vous auriez à regretter sous beaucoup de rapports l'ordre actuel; car si nous avons
à nous plaindre, et les femmes principalement, de voir la majeure
partie de notre temps absorbée par l'administration d'un ménage,
quelque petit qu'il soit, par le désagrément d'une foule d'achats
qui exigent et de nombreuses courses et des discussions sans cesse
renaissantes avec les vendeurs, ce serait tout-à-fait méconnaître la
nature humaine, que de ne pas sentir le plaisir qu'on éprouve à
faire certaines emplettes, celle des objets de fantaisie, de mode, par
exemple. On veut les choisir soi-même, leur imprimer le cachet de
son individualité, en dirigeant leur production, en faisant modifier
leur forme; et on doit reconnaître les avantages de ce choix, de
cette direction, car cela sert à développer le goût de chacun. Il y a
encore, pour ne reculer devant aucune de ces petites difficultés

(1) Il existe quelques entrepôts en France, mais ces entrepôts sont loin
de présenter une organisation aussi parfaite que celle des docks. Il est à regretter que l'usage de ces vastes magasins ne soit pas plus répandu; cela tient
et aux intérêts du fisc et à l'égoïsme de certaines villes qui en possèdent déjà
et qui voudraient s'en réserver exclusivement les avantages.

qu'on cherchera peut-être à nous opposer, une foule de besoins flottants, de petits riens, de superfluités, dans le détail desquels il est inutile d'entrer. Il suffit d'en constater l'existence.

C'est ici le cas de montrer, messieurs, la supériorité de la *loi vivante* sur la *loi morte*, d'un état social fondé sur la *confiance*, à cause du développement *moral* donné à tous ses membres, sur l'état actuel dans lequel la *défiance* est organisée, dans lequel l'individu avec qui on fait une opération de commerce quelconque est toujours ne état de suspicion.

C'est au moyen de l'*argent* qu'aujourd'hui tous les besoins sont satisfaits. Mais on est privé de tout dès qu'on manque d'*argent*, et non seulement les jouissances de luxe ne sont réservées qu'à un très petit nombre d'individus, mais même la majorité manque souvent des premières nécessités de la vie, lorsqu'une circonstance quelconque l'a privée des moyens de se les procurer.

Messieurs, la société actuelle ne s'occupe pas des individus; elle les abandonne à eux-mêmes. Chacun est obligé de songer exclusivement à tous ses besoins. Et lorsque la maladie ou l'absence de travail viennent frapper un membre de la classe la plus nombreuse, il est réduit à la misère, car il n'a plus d'*argent* pour se procurer les objets qui lui sont nécessaires; tandis que le fils d'un homme qui a gagné sa fortune, *bat monnaie* à l'aide de la capacité de son père, et acquiert, sans aucune peine, un droit souvent fort étendu sur le *travail* et la *personne* d'autrui. Voilà ce qu'on ose nommer la *liberté*, *l'égalité*......

Dans l'avenir, l'état doit à tous éducation morale et professionnelle, jouissance de beaux-arts, entretien, logement, nourriture; père tendre, il veille sur le bonheur et la santé du moindre de ses enfants. Aussi, indépendamment de la distribution générale dont nous avons parlé plus haut, et qui ne concerne que les produits qui ne sont pas l'objet d'un désir instantané, ou bien ceux sur lesquels l'individu n'a pas besoin d'exercer une influence directe, la confiance sociale sera établie sur des bases assez larges pour que l'individualité puisse n'éprouver aucune gêne.

Afin de vous faire saisir plus complètement l'ordre futur, nous

vous donnerons l'indication de quelques moyens à l'aide desquels on cherchera probablement et à prévenir les abus qui
pourraient se glisser et à exciter les personnes qui se tiendraient
dans une trop grande réserve. Mais nous vous prions de ne considérer ces moyens que comme une hypothèse propre à mieux
expliquer notre pensée.

L'HABIT ET LE NOM REMPLACENT L'ARGENT.

L'*habit* seul suffira pour reconnaître la classe à laquelle appartient tel ou tel individu, et indiquer par conséquent le degré
de confiance qu'on doit lui accorder. Malgré cela on introduirait d'abord une mesure d'ordre qui tendrait successivement à
disparaître, et qui finirait par n'être mise en usage que pour des
cas exceptionnels, dans lesquels elle servirait d'avertissement à
qui se rendrait coupable d'indiscrétion. Cette mesure consiste-
rait à prendre les *noms* des consommateurs à la place de
leur *argent*; la *valeur personnelle* et *intransmissible* succèderait
ainsi à cette *valeur matérielle ou conventionnelle* qui se transmet
aujourd'hui et qui investit souvent les hommes les plus immoraux
d'une grande puissance.—On pourrait ainsi livrer au choix direct
des individus cette partie de la consommation qui n'est pas suscep-
tible d'être faite sous une autre forme. Alors, au lieu des comptes que chaque marchand tient de sa vente, il inscrirait sur son
registre tous les *noms* des personnes auxquelles il livrerait ses
produits dans l'ordre de leur fonction ; et, à certaines époques,
comme cela se pratique dans le commerce, il enverrait à chaque
chef de fonction un extrait du compte des membres de sa famille. Cette opération a lieu aujourd'hui pour toutes les personnes qui ont des crédits ouverts chez leurs fournisseurs. Mais nous
sommes convaincus que cette mesure deviendrait de moins en
moins utile, au fur et à mesure du développement de la *moralité*
sociale et individuelle. Et vous le savez, messieurs, la confiance
n'est pas toujours un mauvais calcul, elle élève celui qui en est
l'objet, et lui fait prendre l'engagement de s'en rendre digne.

TRANSFORMATION DU PASSEPORT, DE LA LETTRE DE CRÉDIT.

Vous nous demanderez aussi sans doute comment les individus pourront voyager sans argent ; cette question rentre évidemment dans celle que nous venons de traiter. Mais il est important, à cette occasion, de vous faire comprendre ce que sera dans l'avenir le *passeport*, qui aujourd'hui n'est qu'un moyen de police et une ruse du fisc. Le *passeport* sera ce qu'est maintenant la *lettre de crédit*, qui procure aux voyageurs, dans chaque ville, tous les moyens de satisfaire à leurs besoins. Le *passeport*, qui sera une *recommandation*, indiquera l'état, le rang de l'individu ; il lui ouvrira plus spéciale- ment l'entrée dans le sein de la *famille* à laquelle il appartient, c'est- à-dire au milieu des hommes de son *état ;* mais il lui attirera la pro- tection de tous sur toute la terre, car il n'y aura plus alors d'*étran- gers.* Vous avez des exemples frappants de cette hospitalité dans le moyen âge, à l'époque où la *chevalerie* brillait d'un vif éclat. C'était un *devoir* pour tous les seigneurs d'offrir un *asile* aux guerriers de ces temps, qui parcouraient le monde pour prêter au faible et à l'op- primé l'appui de leurs lances et de leurs épées ; et on rendait à cha- cun les honneurs dus à son rang dans la *hiérarchie* féodale. Vous pou- vez voir encore la manière dont les *compagnons* sont reçus par leurs camarades du même *ordre* dans toutes les villes de France. La *franc- maçonnerie* aussi offre quelques avantages analogues ; mais, sans aller chercher des exemples hors de nous, nous pouvons vous dire que les Saint-Simoniens peuvent déjà parcourir bien des villes, sûrs d'y trouver une *famille* prête à les recevoir avec amour.

DU COSTUME.

Nous avons parlé de l'*habit* comme moyen de reconnaître les in- dividus. Nous vous devons quelques explications à cet égard. Nous pourrions nous borner à vous citer à l'appui de notre opinion, non seulement les costumes divers qui existent dans l'armée, qui ser- vent à *distinguer* les soldats de chaque arme, et à indiquer les *grades*, comme ceux d'*officier*, de *colonel*, de *général*, etc., mais encore ceux qui existent dans l'ordre religieux et civil. Ainsi les *prêtres* ont toujours eu des vêtements qui leur étaient propres, et qui marquaient leurs rangs comme dans l'armée ; mais les *juges*, les *avocats*, les *ministres*, les *préfets*, sont tous vêtus d'une manière différente. Par convenance nous ne devons pas oublier pour le moment le *manteau* des pairs de France dans cette nomenclature d'habits qui représentent une fonction. Mais nous n'en parlons que pour mémoire, car ce *manteau* sera bientôt du domaine de l'histoire.

Nous pourrions avec plus d'avantage encore vous parler des services qu'a rendus l'habit des *élèves de l'École polytechnique*. Cet habit seul suffit à grouper en juillet autour de ces chefs *improvisés*, *inconnus*, les masses, qui s'abandonnèrent avec enthousiasme à leur direction. La *légitimité* du pouvoir dont furent investis pendant trois jours les élèves de l'École était suffisamment constatée par le *signe extérieur* qui les désignait à la confiance publique.

Cependant loin de nous la pensée de vouloir emprisonner les hommes en quelque sorte dans des moules, dans des formes de vêtement invariables. Ce serait jeter de la monotonie sur la vie, tandis que nous voudrions répandre sur tous au contraire tout ce que les arts peuvent prêter de charme et donner d'éclat. Mais d'un autre côté nous repoussons aussi les habits de nos jours, mesquins et prosaïques, emblèmes d'une fausse égalité, et qui pèsent sur toutes les classes, sur tous les individus, comme un impitoyable niveau. C'est là réellement que l'*uniformité* règne de la manière la plus désespérante. Aussi pour bien nous comprendre il ne faut se placer ni dans l'absolu qui écrase le militaire, ni dans l'indépendance sans règle de l'habit bourgeois. Rassurez-vous, on peut trouver assez de formes, réunir assez de nuances pour satisfaire l'individualité la plus exigeante.

DU CLASSEMENT ET DE LA RÉTRIBUTION.

Nous ne pouvons abandonner ce sujet sans vous dire un mot de la *rétribution suivant les œuvres*. Ce qu'il y a de fondamental dans ce principe sacré, c'est que les honneurs, les distinctions, les soins tendres et délicats ne sont plus réservés à l'*oisiveté héréditaire*, mais

bien aux plus dignes parmi les *travailleurs* dans toutes les directions. L'*oisiveté*, qui dans nos sociétés pacifiques n'est que
la transformation de la *lâcheté* chez les anciens, n'obtiendra plus
le prix qui doit être dévolu au *courage*. Mais il ne s'agit pas précisément d'établir une proportion mathématique entre les services et la
rétribution, bien qu'on tende de plus en plus à s'en rapprocher, sans
jamais espérer de l'atteindre complètement. On peut même affirmer
que les supérieurs dans l'avenir donneront toujours aux inférieurs
plus qu'ils n'en recevront, comme moyen de les élever à eux, de les
exciter à se développer. Chez nous actuellement la différence des
rangs est marquée sur tout par l'*amour* et le *respect* que le supérieur
obtient, par ses travaux, de ceux qui sont placés au-dessous de lui
dans la hiérarchie; il y a déjà aussi une certaine graduation dans la
rétribution matérielle; graduation qui ne peut pas être absolue, mais
qui existe pourtant dans de certaines limites, et qui est sanctionnée
par tous: car il ne faut pas oublier qu'il y a dans le cœur humain
un sentiment qui porte un individu à offrir entre deux objets le meilleur à l'homme qui a conquis son amour, son admiration et son respect.

Toute idée de *classement* et de *rétribution* vous répugne aujour-
d'hui, car vous êtes en insurrection depuis trois siècles contre un
classement et une *rétribution* devenus iniques; mais, malgré votre répugnance et votre protestation, vous êtes tous *classés*, tous *rétribués*,
et pour l'immense majorité, de la manière la plus dure; vous êtes
esclaves ou d'un seul ou de tous. Il y a en effet deux classes: celle
des *maîtres* et celle des *ouvriers*, celle des *acheteurs* et celle des *vendeurs*; il y a, comme vous le savez, *lutte*, lutte pénible entre ces
classes, soit pour déterminer le *prix* du *salaire*, soit pour fixer le *prix*
des produits sur lequel le commerçant trouve aussi son *salaire*. Vous
savez encore que la concurrence des ouvriers et des commerçants
entre eux les met tous dans la *dépendance* des *consommateurs oisifs*, dont
les intérêts se trouvent directement en opposition avec ceux des travailleurs. Cette opposition d'intérêts des *maîtres* et des *ouvriers*, des
vendeurs et des *acheteurs*, tient même principalement à l'existence de
deux classes dans la société, de celle qui *possède* et de celle qui *travaille*. Tant que cette division existera, il y aura *lutte* entre ces deux

classes; car entre elles il n'y a pas d'*association* possible : l'une veut *vendre cher* son travail, l'autre veut l'*acheter bon marché;* c'est le moyen pour la première d'arriver à la fortune, et pour la seconde c'est le seul moyen qu'elle ait d'augmenter ses jouissances; tandis que s'il n'y avait que des *travailleurs*, il y aurait possibilité de les *associer*, car ils n'attendraient l'accroissement de leurs jouissances que du développement de leur *industrie.*

Or, sauf quelques exceptions, vous ne pouvez pas franchement comparer la rétribution que vous recevriez de chefs qui n'auraient d'autre désir que votre élévation avec celle que vous arrachez en quelque sorte à des maîtres dont les intérêts ne sont pas les vôtres.

SIMPLICITÉ DE L'ORGANISATION SAINT-SIMONIENNE. — PREUVES DE SA RÉALISATION.

Messieurs, il se trouvera certainement beaucoup de personnes qui concevront des doutes sur la possibilité de réaliser une pareille organisation matérielle, car tout changement général les effraie. On a beau leur répéter que ce changement sera SUCCESSIF, n'importe; habituées à ce qui est, elles éprouvent la plus grande peine à se transporter dans un autre ordre de choses. En jetant les yeux sur le passé, nous concevons cela; mais nous y puisons aussi des moyens de conviction puissants. Ainsi, si on était venu annoncer aux nobles barons du moyen âge retirés dans leurs châteaux-forts qu'un jour leur descendants quitteraient avec joie ces demeures pour le séjour des villes, où se trouvent réunies aujourd'hui toutes les merveilles des arts, où règne pour quelques classes une abondance fabuleuse, ils auraient certes crié à l'utopie. Ces demi-barbares auraient d'ailleurs trouvé moyen d'exalter l'état alors existant des choses. Eh bien l'utopie s'est réalisée. Il en sera de même de la doctrine Saint-Simonienne.

Et quant à l'idée que vous pourriez avoir de la complication d'un pareil système, il nous serait facile de vous démontrer combien il est simple en comparaison de celui qui est maintenant en vigueur. Un regard jeté en arrière achèvera de porter la conviction dans vos esprits.

Il y a bien loin de la grossière *distribution* des produits qui se faisait autrefois à grand péril, par l'intermédiaire de *marchands ambulants* qui allaient les offrir de château en château, à ces *foires* où, à certaines époques de l'année, une foule de marchands se donnaient rendez-vous dans une ville pour approvisionner la population de leurs marchandises. Chacun se trouvait, il est vrai, obligé de faire une avance considérable pour acheter les objets qui lui étaient nécessaires dans l'intervalle de deux foires ; mais, malgré cet inconvénient, ces *marchés* étaient de la plus haute utilité, car c'était, dans l'état peu avancé de l'industrie, le seul moyen qu'eussent les pays éloignés d'échanger leurs produits. Il y a bien loin encore de ces *foires* elles-mêmes à cette organisation commerciale que présente de nos jours chaque ville d'une certaine importance. Elles sont généralement remplacées par ces nombreux *magasins permanents* entre lesquels s'est établie une première division de travail, et qui distribuent *régulièrement* tous les produits, au fur et à mesure des besoins de la consommation. Pour tout homme qui a réfléchi sur le mécanisme de l'industrie, c'est vraiment une chose miraculeuse de voir chaque ville approvisionnée des objets tirés de toutes les parties du monde ; c'est d'autant plus étonnant qu'il n'existe pas de *statistique commerciale*. Les négociants n'ont que des renseignements généraux sur les lieux où les produits sont obtenus au meilleur marché possible, ainsi que sur les besoins de chaque pays : chacun, d'ailleurs, garde pour lui les renseignements qu'il a pu se procurer ; car c'est sur l'ignorance relative des négociants à l'égard de ces documents statistiques qu'est basée la *spéculation*. Il résulte de cet *individualisme* des alternatives continuelles d'*encombrement* et de *disette* sur tous les marchés, ce qui se traduit socialement par la *ruine* des uns et par des *bénéfices exagérés* prélevés par les autres sur les besoins du plus grand nombre. Il y a encore un autre vice grave qui prend également sa source dans l'*égoïsme* commercial ou la *concurrence*. Tous les marchands sont obligés, pour attirer les acheteurs, d'avoir des *assortiments* considérables ; ces assortiments forment des fonds de magasins qui sont *perdus* pour la consommation. On est effrayé de cette masse de produits qui restent *invendus*, lorsqu'on songe que tant de malheureux en sont totalement *privés*. Il n'y a certes pas entre l'état actuel et celui que nous annonçons une aussi grande distance que celle qui séparait les états divers que nous venons de vous présenter.

Un nouveau principe d'ordre est nécessaire pour rassembler tous ces éléments épars, pour utiliser tant de forces perdues, et mettre ainsi un terme à des souffrances sans nombre. Ce principe d'ordre, nous l'apportons. Ah ! ne vous éloignez pas de nous lorsque nous vous parlons de *hiérarchie* ; nous connaissons aussi la *liberté*, nos cœurs comme les vôtres ont tressailli de joie à ce cri d'émancipation ; mais la *vraie liberté* n'existe que lorsque chacun occupe la place qu'il aime. Il vous semble voir dans ce mot *hiérarchie* le fantôme du despotisme, et nous concevons votre frayeur au sortir d'une lutte longue et douloureuse. Mais songez bien que son retour est impossible, car aucun des sublimes efforts des peuples n'est perdu. Les peuples ont versé trop de sang, ils ont fait trop de sacrifices pour que la liberté puisse désormais leur être ravie. Ils sont parvenus irrévocablement à faire l'éducation des pouvoirs ; vos garanties constitutionnelles sont un témoignage éclatant de cette victoire ; mais ces garanties même sont éphémères, elles doivent être transformées, remplacées par des garanties plus réelles que vous chercherez avant tout dans la *moralité* de vos chefs. Dans l'avenir, le signe auquel on pourra reconnaître la *légitimité* du pouvoir, ce sera que tous ses actes aient pour but *l'amélioration morale, physique et intellectuelle de la classe la plus nombreuse, qui alors ne sera plus pauvre.*

Dans les prochaines séances nous vous entretiendrons des moyens de transition.

TROISIÈME LEÇON.

(16 et 24 septembre 1831.)

DU PROGRÈS DES TRAVAILLEURS ET DE LA DÉCROISSANCE DES OISIFS.

Messieurs,

Nous avons déroulé sous vos yeux, dans la dernière séance, le plan de l'organisation matérielle de l'avenir. Vous avez pu apprécier par la simplicité de son mécanisme, et par la facilité du jeu de ses divers rouages, l'accroissement imposant de puissance qu'acquerrait la société composée désormais de travailleurs associés. — Nous avons cherché à vous montrer l'influence que l'établissement d'un pareil ordre de choses exercerait sur la *moralité* et sur le *bonheur* des hommes. Vos cœurs se sont peut-être ouverts un instant à l'espérance de voir disparaître les misères profondes qui, comme un mal terrible, rongent les classes inférieures et n'épargnent même pas les classes supérieures. Mais bientôt, retombant dans le scepticisme et le découragement propres à notre époque, quelques uns parmi vous se seront sans doute écriés : Rêve, rêve; cet avenir n'est pas celui de l'humanité !

Non, messieurs, ce n'est point un rêve; cet avenir est bien celui de l'humanité; nous vous apportons les preuves incontestables de sa réalisation.

Nous allons nous livrer à l'examen des moyens transitoires qui sont à la disposition de la société.

Une chose bien importante ressortira de cet examen, et sera éminemment propre, nous osons vous l'affirmer, à produire sur vos
esprits une vive impression, à vous inspirer une grande confiance
dans nos promesses. Vous verrez, dans les mesures transitoires dont
l'adoption conduira directement à l'établissement de la doctrine
Saint-Simonienne, l'expression *formulée* des désirs qui agitent va-
guement les hommes les plus avancés; vous y verrez un remède as-
suré à toutes les souffrances de l'industrie *agricole*, *manufacturière*
ou *commerciale*; vous y trouverez enfin la satisfaction des besoins
du plus grand nombre et l'amélioration *graduelle* du sort des classes
laborieuses. Amélioration GRADUELLE, telle est la ligne de conduite
invariable que nous nous sommes tracée; elle est celle qui convient
à des hommes *religieux*, à des *hommes* du PROGRÈS à qui l'avenir
appartient; elle est celle qui convient à des hommes qui viennent
sauver l'humanité tout entière, et non plus tel ou tel peuple, telle
ou telle classe; que si la classe *la plus nombreuse* éveille plus particulièrement nos sympathies, ce n'est point que nous procédions
envers les autres par voie d'exclusion, mais bien parcequ'elle est aujourd'hui en proie à toutes les souffrances, à toutes les misères; et
parceque nous sommes sûrs que le meilleur moyen d'améliorer la
situation déplorable aussi des classes supérieures consiste à associer
à elles les *masses laborieuses*.

Nous n'aurons à nous occuper spécialement que des moyens fi-
nanciers par lesquels s'opèrera successivement la transformation des
relations des travailleurs entre eux, et principalement d'abord de celles
des *travailleurs* et des *propriétaires oisifs*. Mais, messieurs, nous devons vous mettre en garde contre l'importance absolue que vous
seriez peut-être tentés de donner à ces moyens; car il en est d'autres encore plus puissants, ce sont ceux que nous mettons tous les
jours en pratique : la PRÉDICATION et l'*enseignement*, auxquels nous
joindrons bientôt l'*éducation* MORALE et *professionnelle* de la jeunesse.
Leur puissance sera telle qu'ils hâteront singulièrement l'application de nos mesures de crédit et pourront en abréger considérablement la durée.

Mais, avant d'entrer dans le détail des moyens transitoires,
nous vous ferons voir la décroissance successive de l'importance

sociale et des richesses des *oisifs*, ainsi que l'accroissement de l'importance et des richesses des *travailleurs*.

IMPORTANCE DE LA DIVISION DE LA SOCIÉTÉ EN OISIFS ET TRAVAILLEURS.

Le fait le plus important à constater dans la société actuelle, c'est celui que nous vous présentons sans cesse, de sa DIVISION en *oisifs* et *travailleurs* ; ce fait, qui est passé inaperçu jusqu'à nous, est tellement capital que sans lui l'économie politique n'a pas de *moralité* ; lorsqu'on le perd de vue, on est réellement sans boussole, et il est alors impossible de juger d'une manière sûre la valeur des institions financières.

Voilà la véritable cause des erreurs et des contradictions dans lesquelles sont tombés tous les économistes.

Ils n'ont vu dans ces questions vitales de *revenu*, de *fermage*, de *salaires*, qu'un équilibre entre des intérêts également dignes de leur sollicitude. Ils les ont toutes réduites à de l'*offre* et de la *demande* : triste *impartialité* entre la richesse *fainéante* et la misère *laborieuse* !

Ils ont tous porté des jugements contradictoires sur des choses de même nature ; aucun n'a compris, par exemple, d'une manière large l'établissement du *crédit public* et l'extension du *crédit privé* et tous ils ont applaudi pourtant à une foule de tentatives de crédit public et privé.

Les questions d'*impôt* sont pour eux hérissées de difficultés inextricables. Ils lui ont assigné des sources diverses, tandis qu'elles peuvent être ramenées à une seule, les *produits*. Dans l'ignorance dans laquelle ils sont de l'avenir des sociétés, ils n'ont pas su aller chercher les *produits* nécessaires à l'*impôt* dans les mains dans lesquelles ils *abondent* avec *peu* ou POINT de *travail*, dans celles où leur absence eût été le moins nuisible à la production. Ils ont voulu atteindre et les *revenus* et les *produits* avec lesquels on acquitte ces *revenus*. Par suite ils ont classé les IMPÔTS en *directs* et *indirects* ; et, par un étrange abus de langage, ils ont appelé les premiers *impôts de production*, tandis qu'ils sont prélevés sur les revenus des propriétaires *oisifs*, c'est-à-dire sur des hommes qui ne sont que *consommateurs*; et les seconds *impôts de consommation*, tandis que, dans le plus grand nombre des cas, ils sont supportés par les véritables *producteurs*. Les économistes se perdent dans les détours nombreux des contributions indirectes, et ils sont à chercher encore une bonne *assiette* de l'impôt; c'est là leur *pierre philosophale*.

Enfin ils ont superstitieusement respecté un *droit* qui est encore un des derniers termes des priviléges de la naissance; ils se sont refusés à en examiner la *légitimité*, à rechercher s'il n'avait pas éprouvé de *transformations* dans le passé, et s'il n'était pas destiné à en subir de nouvelles dans l'avenir: tout au contraire, ils ont cherché à l'expliquer et à le justifier par cela seul qu'il existait, et ils ont lancé a-nathème contre quiconque oserait discuter le principe qui est bien, ainsi qu'ils l'ont appelé à juste titre, la *base fondamentale*, mais non IMMUABLE, de l'ordre social: nous voulons parler du *droit de propriété* en vertu duquel une classe d'individus peut *louer* aujourd'hui aux travailleurs des instruments qu'elle ne sait pas *employer* elle-même, et consommer ainsi dans l'*oisiveté* les redevances qu'elle prélève sur l'*industrie* humaine.

Ainsi avait fait Aristote; il avait expliqué et justifié le *droit de propriété* de l'homme sur son *semblable* : ce droit était aussi à ses yeux une arche sainte; mais le christianisme a fait justice des raisonnements de ce philosophe.

DU DROIT DE PROPRIÉTÉ.

Nous aussi, messieurs, nous croyons que le *droit de propriété* est la *base fondamentale* de l'ordre social; car nous croyons que la LOI doit désigner la personne qui a le DROIT de *disposer*, d'*employer*, d'*utiliser* tous les instruments de la production, terres, usines, machines, et tous les objets qui composent, en un mot, le capital social. Mais nous avons acquis la certitude que le *droit de propriété* n'était pas *immuable* dans sa constitution; l'histoire nous le montre, au contraire, soumis comme l'espèce humaine et comme toutes ses institutions à la loi de perfectionnement et de *progrès*. Voilà pourquoi nous pensons que la définition du *droit de propriété* qui se trouve dans notre code, le *droit d'user et d'abuser*, sera remplacée par une autre définition qui ne sera plus comme celle-ci empruntée à une législation arriérée, mais qui sera en harmonie complète avec la constitution de la société. Ainsi nous affirmons que dans l'avenir chaque instrument de production sera LÉGALEMENT *attribué* à l'individu qui saura le mieux l'*employer*. Mais le droit de propriété ne périra pas, il ne sera que *transformé*, il appartiendra au *travailleur* au lieu d'être l'apanage de l'*oisif*. Alors nul n'*usera* que des produits légitimes de son travail; nul n'*abusera* ni des produits de son travail ni de ceux du travail d'autrui, car tout *abus* sera considéré comme une chose *immorale*.

C'est parceque jusqu'à ce jour la société a été organisée pour la *conquête* et dans l'intérêt des *conquérants*, de leurs *successeurs* ou *ayant-cause*, que cette *division* a été établie entre le *droit de propriété* et le *travail*. Toutes les questions d'économie politique se rapportent à la *lutte* que cette *division* a excitée entre les *propriétaires* et les *travailleurs*.

Et que l'on ne vienne pas nous objecter que, dans le système dont nous annonçons l'établissement, il n'y aura plus de véritables *propriétaires*, mais de simples *usufruitiers*; car jamais le *travailleur* n'aura eu, dans l'intérêt de la production, une *disposition* plus complète des instruments qui lui seront confiés; tandis qu'aujourd'hui le *travailleur* n'est pas même *usufruitier*, puisqu'une grande partie des *fruits* va servir à l'entretien des *propriétaires oisifs*; et, quant à la *disposition* des capitaux qu'il leur emprunte, on sait à quel point il est soumis à leurs caprices.

Le sentiment de la propriété sera loin d'être éteint dans l'avenir. Ce ne sera plus, il est vrai, le désir de cette possession *individuelle*, *jalouse*, que quelques privilégiés éprouvent aujourd'hui; ce ne sera plus encore ce plaisir du *propriétaire* de nos jours à l'aspect des gros fermages que lui rapporte une terre souvent inconnue. Ce sera l'amour du *travailleur* pour l'objet sur lequel il aura concentré toute son activité. Pour vous faire une idée de la nature et de la force de ce sentiment, rappelez-vous la belle création de *Tom-le-Long* dans le *Pilote* (1). Avec quelle tendresse il aime son *Ariel*, ce vieux contre-

(1) Roman de Cooper.

maître! c'est pour lui plus que sa propriété, c'est sa *vie*, oui sa *vie*: car il l'y a fait passer tout entière. Aussi le voyez-vous, calme et résigné s'engloutir dans les flots avec son *Ariel* plutôt que de s'en séparer. C'est une *personnification* pleine de vérité de l'attachement du *marin* pour son *vaisseau*, comme aussi de celui de l'*artilleur* pour sa *pièce*, du *laboureur* pour sa *terre*.

Nous pouvons, du reste, invoquer un précédent historique trop général, trop important pour qu'il soit permis de le récuser.

Vous savez que dans le moyen âge le *droit de propriété féodal* était très limité. *La transmission* en était fixée d'avance par le législateur, dans le but *d'assurer la défense du sol*. La propriété avait, sous ce rapport, un caractère SOCIAL; mais *le sentiment de la possession individuelle* n'était point détruit pour cela : vous pouvez apprécier l'attachement des individus à ce système par la persistance avec laquelle les nobles ont continué à réclamer des institutions qui blessaient pourtant, d'une manière directe, les sentiments paternels dominants aujourd'hui, ceux qui établissent l'*égalité* entre les aînés et les puînés des deux sexes.

Dans l'avenir, la *propriété* sera constituée dans le but *d'assurer la meilleure exploitation possible du globe*. Elle aura alors surtout un caractère éminemment SOCIAL, car tous les hommes participeront aux avantages de cette exploitation, mais elle aura à un degré aussi éminent un caractère INDIVIDUEL, car chaque travailleur sera mis en *possession* de l'instrument qu'il *aimera* le mieux.

Mais abandonnons cette discussion qui était nécessaire pour vous faire bien comprendre la *division* que nous faisons entre les *propriétaires oisifs* et les *travailleurs*, et la *possibilité* de la faire disparaître sans nuire à aucun des sentiments inhérents à la nature humaine.

CRITÉRIUM DE TOUTES LES INSTITUTIONS FINANCIÈRES.

En vous plaçant au point de vue Saint-Simonien, le signe auquel vous reconnaîtrez qu'une institution financière est bonne, c'est lorsqu'elle aura pour effet d'augmenter les *salaires* des *travailleurs* et de diminuer les *revenus* des *oisifs*; c'est encore lorsqu'elle aura pour but d'accroître la richesse des premiers, bien que celle des seconds augmente aussi ; c'est enfin lorsqu'elle rendra plus rapide et plus économique le passage des instruments de travail dans les mains des producteurs, et qu'elle leur en donnera une disposition plus complète.

Nous allons examiner, d'après cette vue, les rapports successifs qui ont existé entre les INDUSTRIELS *manufacturiers* et *commerçants*, d'une part, et les *cultivateurs*, de l'autre, vis-à-vis des PROPRIÉTAIRES OISIFS. Nous ferons voir l'importance sociale toujours croissante des *travailleurs* ; nous montrerons d'abord la traduction matérielle de cette *importance* dans le *progrès de la richesse mobilière* et la *réduction* successive de la *rente* payée par les industriels à l'*oisiveté*. Nous montrerons ensuite le même fait dans le *progrès de la richesse agricole* et dans l'*augmentation de la part* des *cultivateurs*, malgré les obstacles qu'ils ont rencontrés dans l'existence du système féodal ; et nous indiquerons les principaux moyens de faire faire à ces deux classes de *travailleurs* le grand progrès politique et industriel qui doit les acheminer successivement vers l'avenir que nous annonçons.

DES PROGRÈS DE LA RICHESSE MOBILIÈRE DANS LES MAINS DES TRAVAILLEURS.

Depuis l'établissement des communes la richesse mobilière a pris un très grand développement. A cette époque, les travailleurs, à peine sortis de l'esclavage, sentirent la nécessité de s'associer entre eux, d'une part, pour se défendre réciproquement contre les attaques de leurs anciens maîtres, et, d'une autre, pour se mettre à l'abri des envahissements de la population des campagnes, afin de conserver ainsi pour eux, *premiers occupants*, le *monopole* de l'industrie, des manufactures et du commerce. Voilà l'origine et la cause des *corporations*. Toute vicieuse qu'était cette organisation du travail, elle fut cependant alors avantageuse, car elle favorisa la concentration des fortunes, et permit d'échapper aux inconvénients de la *concurrence*, qui eût été fatale à l'époque de la naissance des diverses entreprises industrielles.

Les *Juifs* et les *Lombards* furent les principaux promoteurs de l'extension du commerce; eux seuls disposaient de la plus grande partie des métaux précieux; il les répandaient dans la société et s'occupaient exclusivement du mouvement de toutes les espèces : on les appelait *changeurs.*

La position des juifs dans la société du moyen âge les avait mis de bonne heure dans la nécessité de se livrer à une industrie qui leur permit de soustraire facilement leurs richesses à l'avidité des rois et des barons; car ils étaient errants sur toute la surface de la terre et se trouvaient constamment exposés à être chassés de tous les royaumes ou dépouillés de leur fortune.

Malgré la réprobation universelle à laquelle ils étaient en butte, on les tolérait cependant, parcequ'ils avaient su se rendre nécessaires dans des sociétés où le spiritualisme chrétien éloignait la plupart des hommes et surtout les hommes distingués des occupations mercantiles.

Les croisades furent l'occasion d'un grand progrès pour les travailleurs. Les seigneurs avaient rapporté de l'Orient des habitudes de luxe. Ils étaient surtout jaloux de posséder de belles armes. Les récits des hommes qui revenaient de ces contrées fertiles enflammaient l'imagination des femmes, et les échantillons des belles étoffes fabriquées en Asie leur avaient inspiré le goût de la parure. De là l'origine du commerce extérieur, de là l'origine de la fabrication des armes de luxe et de tous les objets *confortables* pour une population devenue apte à savourer des jouissances délicates.

Mais ces seigneurs pouvaient difficilement satisfaire à ces habitudes, à ces goûts nouveaux, à cause de la nature de leurs propriétés toutes immobilières. Les serfs surent tirer parti de ces besoins, ils se *rachetèrent* à prix d'argent; c'est principalement à cela qu'ils durent leur *affranchissement.* Ces habitudes, ces goûts nouveaux furent exploités aussi par les juifs, qui ne laissaient échapper aucune occasion d'accroître leurs richesses. C'est à eux que les barons furent obligés d'avoir souvent recours pour se procurer l'argent qui leur était nécessaire; et les juifs leur firent payer cher ces services : ils prélevèrent sur eux d'énormes intérêts. Un seul exemple suffira pour en montrer l'élévation : Des lettres-patentes du roi Jean, de l'an 1360, autorisent les juifs à prêter sur gages, en retirant pour *chacune livre*, ou *vingt sous*, *quatre deniers d'intérêts par semaine*, ce qui fait plus de 80 p. 100 par an. Leurs bénéfices étaient si grands qu'ils tentèrent la cupidité des rois féodaux, qui abusèrent à leur tour de leur puissance à leur égard. Walter Scott dit à ce sujet, dans *Ivanhoé*, que les grosses usures des juifs étaient un des moyens indirects employés par les rois pour lever des impôts sur les seigneurs.

Dans un diplôme pontifical de 1565, fait pour réformer les habitudes des juifs, on voit qu'ils exigeaient alors généralement *trente pour cent*; on leur défend de prélever plus de *vingt-quatre pour cent*, et de compter les intérêts des intérêts.

L'élévation de l'intérêt à cette époque tourna au profit des travailleurs, ce fut une arme à l'aide de laquelle ceux-ci envahirent plus facilement les propriétés des nobles.

Mais la satisfaction directe des besoins qui s'étaient développés chez eux fut surtout pour l'industrie une source abondante de richesses; car les seigneurs s'étant décidés à quitter leurs châteaux, c'est dans les villes qu'ils dissipèrent la plus grande partie de leurs fortunes, qu'passèrent ainsi dans les mains des artisans.

DE L'ORIGINE DES VÉRITABLES BANQUIERS.

Sous Louis XIV le passage de la noblesse dans les villes était entièrement accompli. Les opérations industrielles s'étaient alors multipliées à tel point, que les manufacturiers et les commerçants étaient obligés de consacrer la majeure partie de leur temps à faire des paiements et des recettes, soit dans la même ville, soit dans divers endroits; c'est ce qui donna d'abord naissance, comme nous l'avons déjà dit dans notre première leçon, à l'industrie des premiers *banquiers* qui se chargèrent de solder tous les comptes des travailleurs.

Les barons, qui avaient transformé une grande partie de leurs propriétés immobilières pour en disposer plus facilement, déposèrent, ainsi que les artisans enrichis, leurs capitaux chez ces banquiers.

Les *banquiers* devinrent ainsi les caissiers généraux de l'industrie et de la noblesse, et ils ne tardèrent pas à obtenir un grand crédit.

Pour tirer parti de ce *crédit* ils le prêtèrent aux négociants et aux fabricants, et leur permirent par là d'étendre leurs opérations.

Grâce à l'intervention des banquiers, le prêt à intérêt devint général.

A cette époque les banquiers avaient acquis une importance d'autant plus grande que la *finance* avait été ennoblie depuis qu'une foule de seigneurs ne croyaient plus *déroger* en sollicitant des emplois de fermiers-généraux ou autres ; depuis qu'ils prenaient part à des spéculations industrielles (ils encourageaient surtout la *haute* industrie.) C'est alors que furent fondés la plupart des grands établissements commerciaux, tels que la compagnie des Indes, etc. On sait l'attention toute particulière que plus tard le régent et Louis XV accordèrent aux finances. Les tentatives qui ont été faites sous leurs règnes dans cette direction sont trop fameuses pour qu'il soit nécessaire de les rappeler. Il y avait alors une noblesse de finance, comme il y avait une noblesse d'épée et une noblesse de robe.

C'est ainsi que les banquiers devinrent les *intermédiaires* entre les capitalistes et les travailleurs, et cette fonction leur permit de faire baisser le taux de l'intérêt, ainsi que nous l'expliquerons dans un moment.

DES CAUSES DE LA BAISSE DE L'INTÉRÊT.

L'intérêt, qui avait été fort élevé lorsqu'il avait servi à faire passer la fortune des barons dans les mains des travailleurs, baissa rapidement lorsque les capitalistes nobles ou vilains prêtèrent leurs fonds à l'industrie. Les travailleurs s'organisèrent de manière à obtenir ces fonds au meilleur marché possible, et ils furent puissamment aidés dans cette direction par les banquiers.

Ce qui est très curieux à remarquer, c'est que les nombreuses défenses de l'église sur le prêt à intérêt, consignées soit dans les canons des conciles, soit dans les bulles des papes, soit enfin dans les sommes théologiques, facilitèrent les opérations que les juifs dirigèrent contre les seigneurs féodaux : car c'était leur en donner indirectement le monopole. Mais lorsque la foi chrétienne fut assez affaiblie pour que les seigneurs consentissent à prêter à leur tour leurs richesses à intérêt, il se forma des *monts-de-piété* qui ri-

valisèrent avec eux, afin de procurer aux travailleurs des capitaux à
de meilleures conditions. Les souverains pontifes eux-mêmes furent obligés de favoriser l'établissement de ces *monts* pour arrêter
les progrès de l'usure, qui était devenue une coutume générale.
Leur origine remonte à la fin du quinzième siècle.

Les *banques* sont la transformation des *monts-de-piété*.

Dès lors, par l'effet de ces institutions, l'intérêt ne cessa plus de
baisser d'une manière constante, malgré une foule de variations qui
tiennent à l'état d'imperfection de la constitution de l'atelier industriel, à l'état de lutte et de concurrence des travailleurs, et aux
pertes qu'ils éprouvèrent par suite d'entreprises malheureuses; toutes choses qui rendirent les prêts beaucoup plus chanceux.

La condition des effets à terme et l'existence de l'argent amenèrent
surtout ces fréquentes variations, attendu que ces deux circonstances
sont entièrement favorables aux capitalistes et leur permettent de
profiter de tous les désordres de l'industrie.

M. Say a dit que plus il y avait *offre* de capitaux, plus l'intérêt
était *bas*; et que plus il y avait *demande*, plus il était *élevé*.

Or comme l'activité industrielle toujours croissante eût absorbé
constamment tous les capitaux par une *demande* toujours plus
élevée que l'*offre*, d'après la définition de M. Say, l'intérêt aurait
dû s'élever proportionnellement, tandis qu'au contraire il a baissé.
Cela tient à ce que les industriels eurent le bon esprit de concentrer
les demandes de capitaux sur un très petit nombre de points; ils con-
fièrent le soin de leur procurer ces capitaux aux banquiers, leurs
représentants, qui, possédant eux-mêmes une fortune, pouvaient
traiter de pair avec les propriétaires *oisifs*, et obtenir ainsi des conditions meilleures pour les travailleurs. Les *oisifs*, privés de cette organisation qui se trouva établie dans l'industrie par l'existence des banquiers, furent réduits à aller offrir leurs fonds individuellement, ou
bien à consentir aux conditions qui leur étaient imposées.

Indépendamment des fluctuations qui existent dans le taux de
l'intérêt, et qui tiennent, ainsi que nous l'avons sommairement expliqué, à la constitution intérieure de l'industrie, à la nature du contrat d'emprunt, et à l'existence de l'argent pour solder ces emprunts,
il y a un fait remarquable et qui prouvera l'état d'individualisme des

:ations ainsi que la dépendance dans laquelle les capitalistes tiennent encore les travailleurs; c'est que le *taux de l'intérêt est différent sur chaque place importante de l'Europe et même de la France,* malgré les efforts des banquiers pour le niveler en opérant une répartition plus habile des capitaux selon les besoins de chaque pays : ces efforts ont néanmoins contribué beaucoup à rendre cette différence moins sensible.

DE LA BANQUE DE FRANCE.

Nous venons de vous montrer, messieurs, dans l'exposé rapide des progrès de la classe industrielle, que l'un des principaux éléments de ces progrès était la baisse successive de l'intérêt ou des redevances payées aux *oisifs.* Les banquiers sont ceux qui ont le plus contribué à amener cette réduction. Voyons si la banque de France, qui exploite un *privilége,* est fidèle à cette mission.

La banque improprement appelée *banque de France,* car ses billets ne circulent pas hors de Paris, est loin de se proposer pour but la *baisse de l'intérêt.* Cet établissement est plutôt constitué dans l'intérêt de ses *actionnaires* que dans celui des *travailleurs.* C'est tellement vrai que le conseil des *régents,* composé principalement de banquiers *capitalistes,* a toujours repoussé la proposition de réduire le taux de ses escomptes. La banque de France est préoccupée avant tout du désir de répartir de beaux dividendes; et, chose curieuse, elle escompte à un taux plus élevé que les banquiers eux-mêmes; aussi les effets de son portefeuille ne sont-ils point aussi bien choisis que ceux que prennent les principaux capitalistes de Paris. Elle est obligée de restreindre considérablement ses opérations, à cause de la nature du papier qui lui est présenté; tandis que, si elle baissait le taux de ses escomptes, les banquiers qui fournissent aujourd'hui des capitaux à l'industrie à de meilleures conditions qu'elle, et qui par cette raison ne peuvent lui négocier leurs engagements que dans des circonstances rares et particulières, useraient alors habituellement de son crédit, et augmenteraient ainsi leurs opérations et les siennes; ils pourraient le faire avec moins de danger que la banque, parcequ'il est toujours plus facile à des chefs de

I.   4 comptoirs *spéciaux* qu'à un établissement *général* d'exercer sur des emprunteurs une surveillance directe; et celle-ci à son tour, n'ayant plus à traiter qu'avec les sommités de l'industrie, simplifierait son action et la rendrait plus sûre. Il faut qu'il y ait dans ce travail comme dans tout autre une *division* et une *combinaison* d'efforts. Or cela n'existe pas dans l'état actuel des choses.

L'industrie, qu'on désigne vulgairement sous le nom de *petit commerce*, et qui se trouve aujourd'hui presqu'en dehors de l'action de la banque, pourrait participer plus largement alors aux avantages du crédit, et obtenir des conditions meilleures que celles auxquelles elle est obligée de se soumettre pour se procurer les fonds dont elle a besoin.

Vous sentez encore que cette réduction de l'escompte, opérée par la banque de France, amènerait une *baisse d'intérêt* dans toutes les transactions et contribuerait ainsi puissamment à l'amélioration du sort des *travailleurs*.

Nous examinerons plus tard la transformation que la banque de France est appelée à subir prochainement pour opérer franchement des réductions successives dans les redevances payées aux *oisifs* par les *travailleurs*.

Nous nous bornons pour le moment aux deux points que nous avons cherché à établir comme devant déterminer un grand progrès dans la classe industrielle, savoir : la baisse de l'intérêt et la régularisation de ses efforts qui sont isolés aujourd'hui.

Nous nous sommes étendus sur le développement de la richesse mobilière, pour vous mettre à même de bien apprécier le mouvement *progressif* des travailleurs de l'industrie, des manufactures et du commerce, et le mouvement *rétrograde* des seigneurs, et pour vous faire bien comprendre le rôle des banquiers.

Parlons maintenant de l'industrie agricole, des progrès et de l'état actuel des nombreux travailleurs qu'elle occupe.

DU PROGRÈS DES TRAVAILLEURS AGRICOLES.

Messieurs,

Si dans cette leçon nous avions tenu à suivre l'ordre historique,

c'eût été sur les travailleurs de la classe agricole que nous aurions
dû appeler votre attention en commençant. Mais ce n'est pas directement de l'histoire que nous avons l'intention de faire en ce moment; nous voulons vous présenter le tableau des pas faits par toutes les classes d'industriels, dans l'ordre le plus favorable, pour que
vous puissiez apprécier l'importance et l'opportunité de mesures
dont l'adoption est de nature à faire faire à chacune d'elles un grand
progrès. Dans ce but, nous avons préféré vous entretenir d'abord
des manufacturiers et des commerçants, parceque comme leur position vis-à-vis des propriétaires ou capitalistes est bien supérieure
à celle des agriculteurs, nous profiterons de l'exemple des progrès
effectués par les travailleurs des villes sous la protection d'une législation spéciale, et sous l'influence des institutions de crédit, pour
vous faire saisir nos vues sur les moyens d'améliorer la condition
des hommes qui fertilisent nos campagnes.

Nous avons donc à compléter rapidement le tableau des progrès
des travailleurs, en ce qui concerne la classe agricole, pour vous
mettre sur la voie de ceux qui leur restent à accomplir aujourd'hui.

SERVAGE.

Vous savez que le christianisme, par sa haute puissance morale,
adoucit les conditions de *l'esclavage* dans lequel gémissait le plus
grand nombre. Il éleva les esclaves au rang de *serfs*. Ceux-ci ne
pouvaient dans cet état disposer de leurs personnes, la rétribution
qu'on leur accordait était entièrement arbitraire ; mais leur vie était
du moins protégée contre la violence. Ils durent encore à une circonstance particulière au moyen âge une certaine amélioration
dans leur sort. Les Grecs et les Romains vivaient réunis dans les
villes, les esclaves étaient disséminés dans la campagne. Les Ger-
mains fuyaient au contraire tout assemblage de maisons (*junctas se-
des*). Aussi, dès les premiers siècles de l'établissement des peupla-
des du Nord dans l'occident de l'Europe les villes perdirent leur
importance, elles se dépeuplèrent, et on vit s'élever les domaines
féodaux à leur place. Les nouveaux chefs, presque isolés au milieu

de leurs *serfs*, furent par cela seul intéressés à adoucir leur condition afin de se concilier leur fidélité.

Ils passèrent bientôt à l'état de *tributaires*. Les tributs auxquels ils furent soumis prirent diverses formes, mais leur succession indique l'amélioration constante de la position des travailleurs.

EXPLOITATION PAR MÉTAYERS.

Ainsi, le mode de contrat qui, de bonne heure, fut le plus généralement adopté, c'est celui de l'*exploitation par métayers* ou *à moitié fruits*. Les seigneurs fournissaient à leurs *serfs* à demi affranchis tous les instruments de culture et tous les bestiaux (c'est ce qu'on appelle aujourd'hui le *cheptel*) ; et les produits du travail étaient partagés entre eux en nature. La rétribution ne fut plus dès lors arbitraire ; il dépendait du *métayer* d'accroître sa part en redoublant d'efforts.

EXPLOITATION PAR CORVÉES.

L'*exploitation par corvées* succéda à celle dont nous venons de parler. Dans ce nouveau système les travailleurs acquirent réellement le sentiment de la propriété, car ils y eurent un intérêt direct. Les seigneurs divisaient leurs terres ; ils en gardaient une portion pour eux, et abandonnaient le reste à leurs paysans pour leur propre subsistance, à condition que ceux-ci consacrassent certains jours de la semaine à la culture de la portion qu'ils s'étaient réservée. Les travailleurs devaient posséder en outre les attelages, ce qui indique qu'ils avaient déjà amassé un pécule. Néanmoins, bien que l'on doive reconnaître un progrès dans ce fait, il ne faut pas se dissimuler que les maîtres abusèrent souvent de cette forme de contrat, soit dans le nombre des jours qu'ils exigèrent pour l'exploitation de leurs domaines, soit dans le choix quelquefois arbitraire de ces jours.

TRANSFORMATION DES CORVÉES EN REDEVANCES.

Les *corvées* à leur tour se transformèrent peu à peu en *redevances*, soit en nature soit en argent; les *prestations* se combinèrent avec la *capitation*, le *cens* et la *taille*. Nous ne suivrons pas ces diverses modifications; nous nous bornerons à indiquer les principales.

REDEVANCES FIXES ET PERPÉTUELLES, RENTES EN ARGENT.

Dans une grande partie de l'Europe le législateur intervint pour rendre ces redevances inaltérables et *perpétuelles*, ce qui mit un terme à l'arbitraire des maîtres. La condition des travailleurs s'améliora sensiblement, grâce à cette fixation *légale* des rentes prélevées par les seigneurs; mais on conserva toujours néanmoins quelques services féodaux humiliants et vexatoires.

Dans l'ancienne France et en Angleterre, les *cens*, les *copyholds* et les *freeholds* sont devenus des héritages à peu près assimilés aux autres. Dans les provinces allemandes de la monarchie autrichienne, la plupart des *corvées* ont été changées en *redevances* d'argent ou de fruits en nature qui ont été déclarées perpétuelles (1).

Une autre circonstance bien heureuse fut la condition de payer ces redevances *en argent*, car ces *rentes* se trouvèrent considérablement réduites par la découverte de l'Amérique et par le perfectionnement des procédés employés pour l'extraction des métaux précieux.

BAIL A FERME.

Mais l'un des changements les plus importants qui se soient opérés dans les rapports des travailleurs agricoles et des propriétaires se trouve exprimé dans le *bail à ferme*. Ce contrat existe aujourd'hui dans tous les pays où la classe des cultivateurs jouit d'une certaine aisance, car il faut avoir quelque fortune pour être fermier. Ce pro-

(1) Voyez les *Nouveaux principes d'économie politique* de M. de Sismondi, livre III, chap. 4 à 9.

grès fut dû en partie à l'abandon que firent les seigneurs du séjour de leurs châteaux. Les fermiers se trouvant par là soustraits à l'action directe des propriétaires, purent se livrer avec moins d'entraves à l'exploitation des terres dont ils étaient temporairement propriétaires moyennant une rente *librement débattue*. C'est ce *débat contradictoire* qui a procuré aux fermiers une part assez avantageuse dans les produits de leur travail.

DE L'ÉTAT ACTUEL DES TRAVAILLEURS AGRICOLES COMPARÉ A CELUI DES TRAVAILLEURS DES VILLES.

La révolution française a fait disparaître sur notre sol les principales traces des anciennes corvées ; elle a affranchi les habitants des campagnes des services personnels qu'ils étaient tenus d'accomplir envers les seigneurs ; mais malgré les améliorations réelles qu'elle a introduites dans la condition des cultivateurs, et sur lesquelles nous allons revenir, la législation territoriale est loin d'avoir été profondément modifiée. Elle est toujours restée conçue de manière à perpétuer la subalternité des travailleurs vis-à-vis des propriétaires.

Il nous sera facile de justifier cette assertion en comparant l'état actuel des *fermiers* à celui des *travailleurs des villes*.

Nous avons constaté déjà le développement de la *richesse mobilière*. Une des principales causes de ce développement, c'est qu'elle s'était affranchie de bonne heure du joug féodal. Elle s'organisa sous l'influence d'une législation qui lui fût propre, bien que l'on retrouve dans la constitution du travail industriel des traces vivantes de *féodalité*. Ainsi les *corporations* étaient autant de *fiefs* que l'on cherchait à maintenir dans les mêmes *castes*; l'hostilité réciproque de ces diverses corporations n'était que la transformation de celle qui avait lieu de château à château. La possibilité de disposer d'un instrument sans l'employer soi-même, et de se procurer ainsi un revenu sans aucun travail, est aujourd'hui une des preuves les plus frappantes de la *similitude* qu'on retrouve encore entre la *constitution industrielle* et la *constitution féodale*.

La *législation commerciale* procura aux travailleurs des villes la disposition complète des instruments qui leur étaient confiés par les capitalistes. En vertu de ce principe : *la possession vaut titre*, qui n'est applicable qu'aux *objets mobiliers*, les industriels peuvent engager les propriétés de leurs bailleurs de fonds comme les leurs; or la simplification de toutes les formes de procédure, les garanties réelles que la loi accorde également à tous les créanciers, rendent la circulation de tous les capitaux mobiliers très rapide. Aussi les commerçants et les manufacturiers ont-ils acquis un grand crédit auquel l'institution des banques a donné déjà un assez beau développement.

La propriété territoriale est restée au contraire sous l'influence d'une *législation* dont l'esprit avait été de *perpétuer*, *d'immobiliser* dans les mêmes castes la possession du sol afin de maintenir l'éclat des familles féodales et de mettre le principe de l'*hérédité par la naissance* à l'abri de toutes les vicissitudes de l'*incapacité* ou de l'*inconduite*; de là les substitutions, les nombreuses garanties stipulées, en faveur du propriétaire, et les entraves qui subsistent encore de nos jours dans le code hypothécaire et qui s'opposent à la facile transmission des propriétés foncières.

En France, le fermier ne peut ni engager sa terre, comme l'industriel les capitaux qui lui sont confiés, ni la cultiver comme il l'entend : car, indépendamment des obstacles qu'il trouve souvent dans la volonté peu éclairée des *propriétaires oisifs*, la courte durée des baux l'empêche de réaliser des améliorations qu'il ne pourrait obtenir que par des sacrifices dont il ne recueillerait pas les fruits.

Le *fermier* est considéré comme un étranger sur la terre qu'il féconde de ses sueurs, avec laquelle il s'est identifié en quelque sorte, car il en a étudié toutes les qualités d'une manière approfondie. Il peut en être renvoyé à l'expiration de son contrat. Tandis que le *propriétaire*, qui connaît à peine cette même terre, est l'objet de toute la sollicitude du législateur. A lui seul est réservée l'importance sociale; lui seul a le privilège du sentiment de la propriété. L'édifice social menacerait ruine, dit-on, si on voulait l'étendre à un plus grand nombre. Le *propriétaire oisif* est regardé comme l'homme *utile*, que sais-je? indispensable à la société : car sa terre *travaille* à sa place et donne un *produit net* qui fait la richesse sociale, comme disent les économistes dans leur obscure métaphysi-

que ; et, comme dit l'ignorance la plus grossière, « avec ses revenus
il *fait aller* le commerce. » Les vices des riches font l'aisance des
pauvres ! Cette théorie, accréditée par des économistes de cour,
ne pouvait manquer d'être bien accueillie par quelques hommes
du monde ; mais, ce qui est déplorable, c'est qu'elle trouve encore
accès près d'un grand nombre d'industriels.......

De la conservation des vieilles dispositions que renferme la législa-
lation foncière, et de la subalternité dans laquelle on a maintenu le
cultivateur, il est résulté que l'agriculture est restée en France
complètement étrangère au crédit.

CULTIVATEURS-PROPRIÉTAIRES.

Nous ne devons pas omettre cependant le progrès qu'ont fait les
anciens *serfs* depuis la révolution française. La vente des biens nationaux en a fait parvenir un très grand nombre dans la classe des
propriétaires. Le sol de la France s'est considérablement morcelé.
On compte en France trois millions de familles qui possèdent une
certaine étendue de terrain : c'est non seulement une vaste initia-
tion à un sentiment qui leur avait été bien long-temps inconnu,
mais c'est encore un très grand pas que le travailleur ait acquis un
droit entier et réel sur l'instrument qu'il exploite ; il s'y est attaché,
et sûr désormais de recueillir tous les fruits de son labeur, il a re-
cherché avec un très grand soin les moyens de le rendre plus pro-
ductif.

La *petite propriété* a eu, sous le rapport politique, l'immense
avantage de désorganiser la *propriété féodale*. Mais après avoir fait la
part qui lui est due, il faut reconnaître aussi qu'elle s'oppose à l'ad-
mission d'une foule de procédés qui ne peuvent être employés que
dans la grande culture, et qu'elle rend impossible l'établissement
d'une certaine division dans le travail. Le système des grandes fer-
mes a beaucoup contribué à la prospérité de l'agriculture en Angleterre, mais il est vrai que cette prospérité ne profite pas à
la masse des travailleurs. Or si nous pensons que la *grande propriété* doit
se réformer graduellement, nous croyons que ce ne peut être que

sur des bases.entièrement nouvelles, sur des bases vraiment sociales et industrielles qui soient avantageuses à toutes les classes.

COMPARAISON DE LA SITUATION DES FERMIERS FRANÇAIS ET DE CELLE DES FERMIERS ANGLAIS.

Mais quant aux fermiers français qui ne sont pas propriétaires, les obstacles qu'ils rencontrent dans les dispositions toutes féodales du code hypothécaire ont nui beaucoup, ainsi que nous l'avons indiqué plus haut, à leur développement. Aussi n'ont-ils pas fait de progrès bien importants depuis leur passage au rang qu'ils occupent.

En Angleterre la position du fermier est moins mauvaise qu'en France. Le fermier est généralement un homme riche qui apporte sur la terre qu'il loue un capital considérable. Ce qui encourage une pareille mise de fonds c'est la concentration des propriétés, qui permet d'établir la grande culture, et de réaliser par là des bénéfices importants, mais surtout encore la coutume de contracter des baux à très longs termes, ce qui assure au fermier la jouissance des améliorations qu'il introdu't.

Les fermiers en Angleterre, à cause de leur indépendance personnelle, sont assimilés à des gérants d'exploitations manufacturières ou commerciales et ont des crédits ouverts dans toutes les banques. Ils souscrivent des effets et mettent ainsi en circulation la valeur de leurs récoltes. Aussi l'agriculture y a-t-elle pris un grand développement, et leur part dans les produits s'est accrue en même temps qu'ils ont acquis une plus grande importance sociale.

La durée des baux en Angleterre est généralement de vingt-et-un ans, mais il est d'usage de les renouveler ; et, sauf des exceptions, le propriétaire rencontrerait de grandes difficultés s'il voulait renvoyer ses fermiers à l'expiration de leurs baux.

FRANCS-TENANCIERS, LEUR IMPORTANCE POLITIQUE.

La coutume des baux emphythéotiques y est aussi très générale. La législation anglaise assimile les *emphythéotes* à des *francs-tenanciers* (*freeholders*, tenanciers libres). Or vous savez que la constitution accorde le *droit d'élection* aux *francs-tenanciers* d'une terre qui tandis que les lenteurs de l'expropriation d'un immeuble la rendent souvent impossible. Ainsi la garantie qu'a le prêteur sur hypothèque est quelquefois illusoire.

On a fait diverses tentatives dans le but de procurer des capitaux à la propriété foncière. On a cherché à établir des banques agricoles, mais ces diverses tentatives ont toujours échoué, à cause de la législation hypothécaire.

Lorsque le sol sera mobilisé, lorsque toutes les questions de *mutation* et d'*expropriation* seront réglées par la *législation commerciale*, le fermier pourra s'affranchir plus complètement qu'il ne l'est aujourd'hui de la position subalterne à laquelle il est condamné, et il pourra s'élever rapidement à l'état de *commandité*. Ce sera alors au *travailleur*, et non plus au *propriétaire féodal* qu'on confiera des capitaux, et cette circonstance seule du changement des personnes influera considérablement sur l'amélioration des conditions du prêt.

MOBILISATION INDIRECTE DU SOL.

Mais l'influence des légistes et des propriétaires est si grande encore dans la confection de nos lois que l'on ne peut guère espérer de voir adopter très prochainement de semblables vues, car pour accomplir, dans la législation civile, cette réforme qui aurait pour effet d'émanciper une classe nombreuse de producteurs, il faudrait que les premiers (les légistes), consentissent à voir disparaître des formes complètement arriérées, mais sur l'existence desquelles repose toute leur importance, et que les seconds voulussent l'abolition des droits de mutation, impôt d'autant plus onéreux qu'il nuit au passage de la terre dans les mains de ceux qui sauraient en tirer le meilleur parti.

Aussi, dans le but de surmonter les obstacles que rencontrera l'adoption de la mesure de mobilisation du sol, nous nous proposons de présenter d'une manière détaillée les moyens que l'état actuel de la législation permet d'employer pour mobiliser *indirectement* la propriété foncière, et procurer ainsi à l'industrie agricole les capitaux dont elle est privée. Mais bornons-nous aujourd'hui à vous en donner une idée sommaire.

La loi permet de mettre en *société* un ou plusieurs immeubles, et ne considère pas cela comme une *mutation*, ce n'est qu'une *modification* dans le titre de propriété. Aussi, au lieu du *droit proportionnel* d'enregistrement, ne perçoit-on qu'un *droit fixe* de 5 fr. (1)

Ces *sociétés* peuvent mettre leur capital sous forme d'*actions*, et le *transfert* de ces *actions* ne donne également lieu à *aucun droit proportionnel* (2).

Ce n'est qu'à la *dissolution* de la société qu'il serait perçu un droit proportionnel, mais *seulement* dans le cas où celui qui aurait mis tel immeuble en société ne le reprendrait pas dans son lot. Le propriétaire nouveau serait alors assujéti à ce droit.

Il vous sera facile, messieurs, d'apprécier, sans qu'il soit nécessaire d'entrer pour le moment dans de plus grands développements, les avantages qui résulteraient de l'organisation de ces sociétés.

C'est une voie qui permettrait aux travailleurs des campagnes de s'émanciper, et de se débarrasser de la tutelle des possesseurs oisifs du sol, tutelle qui est aussi nuisible aux uns qu'aux autres; et la facilité nouvelle avec laquelle les mutations pourraient avoir lieu attirerait les capitaux vers une industrie jusqu'ici trop négligée en France, et dans laquelle il y a beaucoup à faire et par conséquent beaucoup à gagner.

Pour nous résumer en terminant, voici les mesures transitoires dont l'adoption pourrait faire faire un très grand progrès à la classe des hommes livrés à l'industrie agricole.

1° Accorder successivement aux *fermiers* les droits politiques, qui sont attribués aujourd'hui aux *propriétaires*, afin de faire représenter

_____

(1) Il faut dire cependant que l'on ne peut point avec le droit fixe seulement faire purger ses immeubles d'hypothèques. Il serait alors plus régulier de payer le droit de mutation; et il y aurait une compensation à ce premier débours dans la hausse de la valeur des propriétés représentée ainsi par ces titres mobiliers, car on ne serait plus tenu, pendant toute la durée de la société de payer aucun droit à chaque nouveau transfert d'actions.

(2) La plupart des passages de Paris ont été construits au moyen d'un capital qui est représenté par des *actions*. On transfère journellement ces *actions* sans payer aucun droit.

le travail, et pour diminuer l'influence de l'oisiveté et de l'incapacité apanagées.

2° Mobiliser *directement* la propriété foncière.

3° La mobiliser *indirectement* par la constitution des *sociétés* dont nous venons de donner une idée sommaire.

4° Créer des banques agricoles pour rattacher la propriété immobilière à la propriété mobilière Mais ces institutions de crédit ne peuvent être établies qu'après l'une ou l'autre des mesures proposées dans le second et le troisième paragraphes.

Dans la prochaine séance, nous vous exposerons nos idées sur la transformation des banques, et nous reprendrons les vues déjà émises dans notre première leçon sur les moyens de circulation, pour indiquer la forme des titres de crédit qui serait la plus favorable aux *travailleurs*.

QUATRIÈME LEÇON.

(21 septembre 1831.) (1)

—

DE LA TRANSFORMATION DES BANQUES ACTUELLES ET DES TITRES DE CRÉDIT.

Messieurs,

Dans notre dernière séance nous avons retracé les progrès des *travailleurs*, manufacturiers, commerçants ou agriculteurs, et la décroissance de l'importance et des richesses des *oisifs*.

Nous vous avons montré par l'examen du passé la baisse constante des revenus des *propriétaires oisifs*, intérêts ou loyers. Nous sommes remontés aux causes qui avaient favorisé le développement de l'industrie mobilière, ou qui avaient retardé celui de l'industrie agricole. Et nous vous avons indiqué les moyens de donner une égale impulsion à ces deux divisions importantes du travail.

Pour l'*industrie mobilière*, nous vous avons dit que la constitution actuelle des banques était devenue vicieuse, qu'elle n'était plus en harmonie avec les besoins nouveaux. En effet la *banque de France*, dirigée par des banquiers *capitalistes*, est infidèle à sa mission ; elle exploite son privilège dans l'intérêt de ses *actionnaires* plutôt que dans celui des *travailleurs*, car elle se refuse à effectuer dans le taux de ses escomptes une baisse généralement réclamée. Les banquiers particuliers isolés entre eux sont impuissants à donner une direction à l'industrie, à établir l'équilibre entre toutes les branches de la production, afin de préserver les producteurs des

(1) Extrait du *Globe* des 13 et 14 novembre 1831.

crises qui viennent périodiquement semer dans leurs rangs le trouble et la ruine.

En un mot, les banques ne sont pas encore organisées de la manière la plus favorable pour répartir tous les instruments parmi les travailleurs avec discernement et habileté, et pour les leur procurer aux meilleures conditions possible ; pour veiller surtout à ce qu'aucun ne soit privé de ceux qu'il est le plus capable d'exploiter, ce qui revient, en d'autres termes, à chercher à classer les hommes suivant leur mérite.

Les moyens de crédit qui sont employés aujourd'hui n'ont guère fait de progrès. Ce sont toujours ceux que découvrirent les premières villes commerçantes du moyen âge.

Nous avons promis de vous indiquer la transformation que doit subir le système actuel des banques pour amener plus rapidement la *déchéance* successive de l'*oisiveté*, pour améliorer progressivement la condition des travailleurs, pour leur donner enfin la disposition exclusive des capitaux, qu'*eux seuls* savent rendre productifs. C'est ce que nous venons faire aujourd'hui ; nous vous dirons encore comment la *concurrence* et le *désordre* pourront être remplacés par l'*association* et l'*ordre*.

Quant à l'*industrie agricole*, nous avons dit : « Accordez aux fermiers les droits politiques attribués aux propriétaires, afin que les lois ne soient plus faites dans l'intérêt de l'*oisiveté*, mais bien dans celui du travail. Mobilisez la propriété foncière afin de faciliter son passage dans les mains les plus capables de l'exploiter, afin surtout de relever le fermier de l'état de subalternité dans lequel l'a placé la législation féodale. Alors les banques agricoles, territoriales, hypothécaires, qui toutes sont venues échouer devant le rempart que les restes de ce code barbare offrent de nos jours encore aux propriétaires de mauvaise foi, pourront désormais alimenter l'agriculture des capitaux dont elle est aujourd'hui privée. »

Nous vous avons montré à l'appui de nos vues l'exemple de l'Angleterre où la féodalité toute vivante est obligée de reculer devant le génie industriel, qui finira par se débarrasser des liens dans lesquels elle cherche à l'entraver. Vous avez pu apprécier, quant à la condition des fermiers, l'effet de quelques-unes des améliorations dont

nous vous avons entretenus, telles que celles de l'importance qui leur est attribuée par la constitution anglaise, de la longue durée des baux et du caractère commercial des entreprises agricoles.

Maintenant, pour simplifier l'examen que nous avons à faire des moyens ultérieurs qui seront à la disposition de la société, et pour ne plus avoir à nous occuper de la séparation qui a lieu entre la *propriété foncière* et la *propriété mobilière*, nous supposerons qu'elles sont toutes les deux régies par la législation commerciale. Alors le système dont nous avons à vous exposer les bases s'appliquera aussi bien à l'industrie agricole qu'à l'industrie manufacturière et commerciale, car alors il favoriserait également l'amélioration du sort de tous les travailleurs.

Mais avant de vous exposer le plan des nouvelles banques que nous croyons appelées prochainement à remplacer celles qui existent aujourd'hui, nous voulons vous en montrer dans le présent les germes, les éléments épars. Nous voulons vous en faire observer le développement, et vous amener à considérer le progrès que nous prévoyons, comme inévitable, comme avantageux dans l'état actuel des choses, non seulement aux travailleurs, mais encore même aux oisifs.

Dans ce but, nous avons à vous présenter pour les relations de *prêt* et d'*emprunt*, une nouvelle série de termes équivalents à ceux que nous vous avons déjà indiqués pour les relations d'*échange*, de *vente* et d'*achat*.

Les termes de cette dernière série sont les suivants :

Echange en nature, multiplicité des monnaies, unité du signe monétaire.

Les termes qui dans le crédit correspondent aux précédents sont ceux-ci :

Billets ou promesses INDIVIDUELS, *transformation de ces promesses ou billets individuels en promesses plus* GÉNÉRALES, *et de celles-ci en titres* SOCIAUX.

Nous vous avons fait voir dans notre première leçon comment à l'*échange en nature* on avait substitué la *monnaie*.

Vous savez que la *monnaie* fut d'abord imparfaite, que son émission fut livrée à l'arbitraire, et par conséquent à la mauvaise foi de tout individu puissant. Vous savez qu'avant que le *titre* des monnaies fût *socialement* garanti, leur altération était un des moyens qu'employaient les rois et les barons féodaux pour se procurer de nouvelles réssources. Indépendamment de l'incertitude dans laquelle on était sur leur *valeur*, cette diversité dans les agents de la circulation apportait le plus grand trouble dans toutes les transactions.

Ce sont précisément les mêmes inconvénients, la même incertitude, le même trouble, qui ont existé et qui existent encore dans l'emploi des signes de crédit actuels ; et cela a une importance d'autant plus grande que la masse des signes individuels est plus considérable.

Nous allons vous montrer l'influence de ces moyens de circulation ou d'*emprunt*, et, dans le cours de cet examen, nous aurons l'occasion de faire les rapprochements que nous vous avons annoncés entre les diverses formes de papier et l'*échange en nature*, ainsi que la *monnaie*.

Nous vous indiquerons ensuite le progrès de la forme des divers titres sociaux, pour arriver enfin à vous faire nettement concevoir la véritable *forme* que doit avoir le titre de crédit social pour placer les *travailleurs* dans la position la plus favorable vis-à-vis des *propriétaires oisifs*.

BILLETS OU PROMESSES INDIVIDUELS.

Vous connaissez tous les avantages qui résultèrent de l'introduction des *billets* ou *promesses*. Leur usage signala le commencement d'une ère nouvelle, celle du développement de la *confiance* des *propriétaires oisifs* dans les *travailleurs*, et des *travailleurs* entre eux. Cependant ces billets ou promesses, d'abord tout *individuels*, ne pouvaient servir que dans un très petit nombre de cas. Ce n'était en quelque sorte que par exception qu'un travailleur rencontrait une personne qui eût assez de *confiance* en lui pour lui livrer, contre sa promesse de remboursement dans un temps déterminé, les instruments qu'elle possédait. La même difficulté qui, dans l'absence de la *monnaie*, s'opposait au rapprochement *direct* ou *indirect* de deux personnes qui avaient chacune à échanger ce que l'autre désirait avoir, empêchait le rapprochement des divers membres de la société entre lesquels auraient pu s'établir *indirectement* des relations de crédit.

Cependant la nature même des propriétés mobilières, leur accroissement dans quelques mains, faisaient du prêt à intérêt une nécessité soit à l'industriel qui ne pouvait employer lui-même tous les capitaux qu'il avait amassés, soit à celui qui voulait se retirer, soit enfin aux enfants qui ne voulaient ou ne pouvaient cultiver eux-mêmes l'héritage qu'ils avaient recueilli.

TITRES DE CRÉDIT ÉMIS PAR DES BANQUIERS.

Il se trouva alors dans le sein de l'industrie des individus qui possédaient déjà une certaine fortune et qui avaient su inspirer une grande confiance par leur probité et par l'habileté qu'ils avaient déployée dans la direction de leurs affaires. Ce fut à ces individus que l'on vint offrir des capitaux à faire valoir, et par leur *signature* ils purent disposer d'une grande masse de richesses.

Ces individus dont nous avons eu maintefois l'occasion d'expliquer l'origine et la fonction, les *banquiers*, firent alors une étude spéciale de la solvabilité d'un certain nombre de clients. Ils leur procurèrent directement les fonds dont ils avaient besoin, ou bien ils leur fournirent, à l'aide de leurs *signatures particulières*, les moyens *indirects* de se les procurer. La signature de ces banquiers était une véritable *monnaie de crédit*. La monnaie d'or et d'argent facilitait la *vente* et l'*achat*, tandis que l'autre favorisait le *prêt* et l'*emprunt*. Car celle-ci n'était que l'échange d'un *produit* contre une *promesse de travail*, et celle-là était un *échange* entre deux *produits*.

Il y eut autant de *monnaies de crédit* qu'il y avait de banquiers prêtant leur *signature*. Or, chacune de ces monnaies ne présentait pas une égale solidité, et toutes n'étaient pas assez généralement connues pour qu'elles pussent *directement* servir à l'emprunt des instruments dont le producteur avait besoin.

La multiplicité des monnaies d'or et d'argent avait donné naissance à l'industrie des changeurs, dont le métier consistait à se tenir au courant de toutes les monnaies de l'Europe, à connaître leur valeur *respective* et à savoir discerner leur valeur *intrinsèque*. De même, il y eut des capitalistes qui ne s'occupèrent que de l'escompte des diverses *signatures*, qui les classèrent également suivant leur valeur *respective* ou *intrinsèque*.

L'existence des titres de crédit *particuliers* émis par les *banquiers*, correspond, ainsi que nous l'avons déjà dit, à celle de la multiplicité des *monnaies* émises dans le moyen âge par les *divers barons* féodaux. Dans un cas comme dans l'autre, il y a même incertitude, même difficulté pour donner cours à ces titres d'emprunt.

LETTRES DE CHANGE.

Indépendamment des diverses natures de papier qui représentent la masse des capitaux prêtés dans une même ville, il y a encore autant de papiers *différents* qu'il y a de villes sur lesquelles des délégations sont données sous le nom de *lettres de change*, soit dans un même état, soit dans les états étrangers. Il n'existe relativement à ces *lettres de change* aucun papier qui les représente, de même qu'il n'existe pas encore de monnaie *commune* à plusieurs états; mais on a fait bien moins de progrès pour la *lettre de change* que pour la *monnaie*, puisqu'on est parvenu à introduire de l'unité pour toutes celles d'un royaume, tandis qu'il y a autant de *lettres de change* différentes qu'il y a de villes dans un même royaume.

BILLET DE BANQUE.

Vous savez aussi qu'il se forma des établissements *généraux* de crédit : ceux-ci escomptèrent des engagements particuliers, mais plus spécialement ceux des banquiers avec leurs propres *billets*, qui circulaient comme de l'*argent*; ce sont les billets de banque.

Le *billet de banque* correspond à l'unité de monnaie dans chaque pays, et il a puissamment contribué à établir et à développer des rapports de confiance entre les hommes. Mais le billet de banque est loin d'être aujourd'hui la seule monnaie de crédit social. Il ne peut pas l'être sous sa forme actuelle, car son usage est excessivement limité relativement à la masse des prêts qui sont faits à l'industrie, attendu que le *billet de banque* n'offre pas un *placement*, puisqu'il ne porte pas intérêt; il ne peut pas s'échanger contre tous les effets particuliers, les représenter tous; il ne sert qu'à suppléer la monnaie pour les besoins de la circulation.

Vous voyez toutefois, messieurs, que les *titres de crédit* favorisent d'autant plus la circulation des produits qu'ils *se généralisent*, ou plutôt qu'ils se *socialisent* davantage.

Effets sociaux temporaires ou non remboursables, portant intérêt.

Nous n'avons parlé jusqu'ici que des fonds empruntés par l'industrie aux capitalistes contre des titres de crédit d'abord *individuels*, comme les promesses directes des travailleurs, *plus généraux* ensuite comme ceux émis par les banquiers, et enfin *sociaux* comme les *billets* mis en circulation par une banque générale. Nous vous avons expliqué comment le *billet de banque* ne portant pas intérêt ne pouvait pas dans sa forme actuelle *socialiser* les divers effets particuliers, *généraliser*, en d'autres termes, les rapports des capitalistes et des travailleurs.

Tous les *effets* dont nous venons de vous parler sont des *promesses* de remboursement à des époques plus ou moins éloignées.

Il nous reste à vous signaler l'existence d'autres effets qui ont un caractère différent des effets particuliers ou des billets de banque, en ce qu'ils ne sont remboursables qu'à la volonté de l'emprunteur, et qu'ils portent intérêt. Nous parlerons aussi, à cette occasion, de titres sociaux qui procurent un intérêt, et dont l'époque du remboursement est déterminée d'avance.

Les titres d'emprunt non remboursables et portant intérêt sont d'abord les *actions* de diverses entreprises industrielles. Nous verrons plus tard qu'à part les inconvénients attachés aujourd'hui à ce genre de placement, , à cause de l'incapacité des capitalistes qui prennent ces *actions*, ce sont les titres dont la forme est la plus avantageuse à l'industrie. Du reste, il y a toujours dans ces titres un caractère d'*individualité*, un défaut absolu d'*unité*.

Viennent ensuite les effets au moyen desquels les gouvernements font des emprunts définitifs ou temporaires.

Ils émettent des titres qu'ils ne s'engagent pas à rembourser à présentation ou à toute autre époque déterminée, ces titres portent un intérêt. On les appelle *rentes* parcequ'ils ne donnent droit qu'à la perception d'une *rente* et non d'un *capital*. Mais le crédit dont jouit l'état permet au porteur de réaliser à chaque instant la valeur capitale de ces *effets*. Et si leur cours varie souvent si brusquement, la raison en est simple, c'est qu'il n'y a pas eu encore entre les peuples et les gouvernements une association franche, complète ; tout au contraire leurs intérêts sont le plus souvent opposés; c'est qu'il existe aussi dans une époque de transition et de désordre comme la nôtre une classe d'hommes qui cherchent à s'élever par d'autres moyens que par le travail, et qui sont intéressés par conséquent à entretenir dans ces fonds un mouvement perpétuel, afin d'alimenter le *jeu* auquel ils se livrent.

Outre ces titres d'emprunt *non remboursables*, les gouvernements ont encore recours à des emprunts *temporaires*, lorsque leurs dépenses les obligent à anticiper sur les recettes provenant de la perception de l'impôt.

Le trésor français émet des bons à diverses échéances, généralement à cinq mois, et très souvent il n'a pu suffire à toutes les demandes qui lui étaient adressées par les capitalistes; il a été obligé de refuser de donner de nouveaux bons, bien que le taux d'intérêt qui y était attaché fût très bas.

En Angleterre le gouvernement émet également des bons à terme qu'on appelle *billets de l'échiquier*. La masse de ces bons est infiniment plus considérable qu'en France. Leur crédit est tel qu'ils font en quelque sorte office de monnaie. Tous les banquiers anglais placent une grande partie de leurs fonds disponibles en *billets de l'échiquier*, et quand ils ne paient pas directement avec ces *billets* ils sont toujours *sûrs* de se procurer de l'argent avec ces effets. Pour en faciliter la circulation, les intérêts s'ajoutent tous les jours à la somme principale. Ils sont payés ainsi à chaque mutation par celui qui les achète à celui qui les négocie. Lorsque le semestre des intérêts arrive, le dernier porteur touche du gouvernement la totalité de ces intérêts dont il a avancé une part plus ou moins forte, suivant l'époque à laquelle il est devenu propriétaire de ces *billets*.

En France comme en Angleterre, on considère généralement comme un avantage que le gouvernement renouvelle ces *bons*, ou, en d'autres termes, qu'il éloigne l'époque du remboursement. Cela est à tel point en Angleterre, que le gouvernement en *consolide* très fréquemment pour de très fortes sommes, c'est-à-dire qu'il les transforme en *rentes* remboursables à sa volonté seulement. Cette *consolidation* d'effets à terme est un fait très remarquable et dont on doit tirer un grand enseignement pour la constitution nouvelle des banques.

Mais nous allons avoir l'occasion de revenir sur ce fait.

Jusqu'à présent nous nous sommes bornés à vous mettre au courant des diverses formes sous lesquelles ont circulé et circulent encore les titres de crédit. Nous vous avons indiqué ceux qui étaient les plus propres à la circulation, c'est-à-dire avec lesquels on peut se procurer le plus facilement toute espèce d'instruments. Ce sont les titres dont le caractère est le plus *social*, et qui par suite offrent une plus forte *garantie*.

Nous avons à examiner maintenant les autres avantages qui résultent de la *socialisation* de plus en plus grande des signes de crédit.

Ces avantages peuvent se résumer ainsi :

1° Plus un titre de crédit a perdu le caractère *individuel*, moins est forte la redevance payée par l'industrie aux propriétaires oisifs ;

2° Le crédit que les *capitalistes* accordent aux *travailleurs* est d'autant plus long que le titre qu'ils ont entre les mains a un caractère plus *social*. Ainsi, pendant que tous les trois mois ou tous les six mois tous les *effets particuliers* sont renouvelés, la plus grande partie des *billets de banque* reste indéfiniment dans la circulation, bien que les porteurs aient la faculté de se faire rembourser à volonté. Les rentes de l'état et même les actions d'entreprises industrielles sont recherchées, quoiqu'il n'y ait aucune époque fixée par le débiteur pour le remboursement.

DES CONDITIONS AUXQUELLES CIRCULENT LES DIVERS TITRES DE CRÉDIT.

Vous savez, messieurs, que moins un individu offre de *garantie* morale ou matérielle, plus on lui fait payer cher la location des capitaux qu'on lui confie. Ainsi il y a à Paris une foule d'industriels dont le crédit n'est pas connu, ce qui tient à ce que l'organisation actuelle de la banque est fort imparfaite; ces industriels paient généralement 6, 8, 10 pour 100 d'intérêts, et plus encore quelquefois, tandis que le papier des premières maisons de Paris se négocie à 3 et même à 2 1/2 pour 100 l'an, et que les billets de banque sont pris au pair sans intérêts.

Nous citerons encore les bons du trésor en France, les billets de l'échiquier (1) et les rentes en Angleterre, sur lesquels l'intérêt est fort peu élevé. Nous pourrions ajouter les rentes françaises, si l'état d'incertitude, de crise dans lequel se trouve actuellement notre pays, et si le souvenir de la conduite financière du gouvernement français à une époque qui ne se renouvellera pas, ne venaient accidentellement élever le taux de l'intérêt des fonds publics; ce qui a lieu par un abaissement proportionnel dans le capital qu'on consent à donner pour une rente déterminée.

EFFET DE LA CONCENTRATION DES PRÊTS ET DES EMPRUNTS.

Plus la concentration des prêts et des emprunts est grande, plus il est facile de maîtriser le taux de l'intérêt, de le faire baisser graduellement d'une manière générale.

Ainsi les banques qui ont été, d'une manière fort incomplète à

(1) Les billets de l'échiquier se négocient actuellement à Londres à 1 denier 1 2 sterling par jour pour 100, soit 2 1 4 p. 100 l'an environ.

la vérité, de grands centres de prêt et d'emprunt, ont exercé une très grande influence sur la baisse du loyer des capitaux. Les banques générales ont fait cesser jusqu'à un certain point le despotisme exercé individuellement par les capitalistes sur les travailleurs. Au point où nous sommes arrivés de l'exposition de nos idées, cela doit être nettement senti sans qu'il soit nécessaire d'entrer dans de nouveaux développements.

Nous avons encore des exemples remarquables de l'effet de la concentration des emprunts, dans les réductions qui ont été faites à plusieurs reprises par le gouvernement anglais dans les intérêts de sa dette. Indépendamment de l'allégement que ces réductions produisaient dans les charges publiques, surtout à cause de l'importance de la dette anglaise, cette opération a toujours déterminé une baisse de l'intérêt dans toutes les transactions particulières ; cela a par conséquent fortement contribué à l'amélioration du sort des *travailleurs* et à la décroissance de l'*oisiveté*.

M. de Villèle a essayé d'opérer en France une réduction de la rente. Vous connaissez tous son fameux projet de conversion du 5 p. 100 en 3 p. 100 (ou en réalité en 4 p. 100, à cause de la combinaison qu'il avait adoptée). Cette mesure, qui se rattachait du reste à un système politique rétrograde, ne fut pas comprise sous le rapport financier, à l'époque où elle fut proposée. Les discours qui furent prononcés à la tribune par quelques membres de l'opposition, sur le danger de l'accroissement du capital de la dette, sur les prétendus avantages qu'on croyait attachés à l'élévation de l'intérêt ou du *revenu* des *oisifs*, ont prouvé que cette question n'était pas alors mûre en France, que peu de membres étaient à la hauteur de cette discussion.

M. Laffitte faillit perdre une popularité justement acquise, pour s'être fait le défenseur de cette mesure. Et certes le point de vue auquel s'était placé ce célèbre banquier était fort élevé. Nous éprouvons même le besoin de citer un passage d'une brochure qu'il publia alors sur cette question ; ce passage prouvera que M. Laffitte en sentait toute l'étendue, toute l'importance.

« L'homme, disait-il, qui vit sur une œuvre passée, doit devenir continuellement plus pauvre, parceque le temps le transporte,

»avec la richesse d'autrefois, au milieu d'une richesse toujours
»croissante et toujours plus disproportionnée à la sienne. A *défaut*
»*de travail*, il n'y a qu'un moyen de se soutenir au niveau des va-
»leurs actuelles, c'est de *diminuer les consommations*. Il faut ou *tra-*
»*vailler* ou se *réduire*. Le *capitaliste* a le rôle de l'*oisif*; sa peine doit
»être l'économie, et elle n'est pas trop sévère. Tel est le principe à
»l'égard du *capitaliste*.... Les possesseurs de capitaux doivent subir
»des sacrifices continuels en faveur de ceux qui les emploient, et
»ils ont dû en subir de plus grands depuis le développement de la
»richesse arrivé dans les trente dernières années.

Cependant, il faut le répéter, il y avait dans la répugnance
que montra une partie du pays à l'occasion de cette loi, non pas tant
une preuve de sympathie en faveur des propriétaires, qu'une protestation contre la *jonglerie* à l'aide de laquelle M. de Villèle espé-
rait servir, suivant l'heureuse expression du général Foy, un splen-
dide festin aux émigrés (1). Il n'avait vu en effet dans cette réduction que le moyen d'économiser la rente nécessaire pour faire un
emprunt d'un milliard, afin d'indemniser les anciens propriétaires
de biens nationaux. Mais en voulant signer un pacte d'alliance avec
le passé, il était sans s'en douter un instrument d'avenir.

Par la présentation de ce projet, la discussion se trouva portée
sur un bon terrain, celui de la diminution des privilèges de la naissance et de l'amélioration de la condition des travailleurs.

La chambre des pairs, défenseur naturel des privilèges de la naissance, puisqu'elle est entièrement composée d'hommes qui vivent
noblement du revenu de leurs capitaux, sans aucun travail de leur
part; la chambre des pairs, possesseur de majorats, de rentes et de
fermages, sentit que cette loi touchait à l'une des sources de ses
revenus, et elle la rejeta par instinct de l'atteinte profonde qu'elle y
portait indirectement. Eh bien, *l'ignorance* sur ces matières était alors

(1) Il est inutile de dire que nous les premiers nous aurions excepté les
petits propriétaires, ceux qui n'avaient pas d'autre moyen d'existence
qu'une faible rente, et pour cela il aurait suffi de poser une limite au-dessous de laquelle la réduction n'aurait pas eu lieu.

si grande que la chambre des pairs, en faisant ainsi un acte d'*égoïsme*, s'acquit une grande popularité.

AVANTAGES POUR LES TRAVAILLEURS DE LA LONGUE DURÉE DES PRÊTS.

Nous venons de montrer l'influence de la concentration des prêts et des emprunts par l'intermédiaire des chefs de l'industrie et du gouvernement, sur la baisse de l'intérêt. Nous avons à examiner maintenant les avantages des prêts à long terme, et des emprunts sans condition de remboursement à une époque fixe.

Nous avons déjà vu que la durée du prêt était toujours correspondante à la garantie plus ou moins sociale que présentent les titres d'emprunt.

Or il est évident que plus est longue la durée du prêt, plus est grande la facilité qu'a un homme de disposer des capitaux qui lui sont confiés, plus aussi sa position s'améliore; car dans ce cas, il peut se livrer à des opérations que sans cela, il n'aurait pas osé entreprendre, dans la crainte de se voir privé des moyens sur lesquels il avait compté.

La forme des titres de propriété qui éloigne le plus la nécessité des renouvellements est encore favorable à la baisse de l'intérêt. C'est en effet l'obligation dans laquelle se trouvent les *travailleurs* de solliciter de la part des capitalistes le renouvellement de leurs billets ou promesses qui maintient l'intérêt à un taux élevé. Plus cette obligation diminue et plus les conditions du prêt deviennent avantageuses à l'industrie.

Les considérations que nous venons de vous présenter sur les diverses formes des titres de crédit, sur leur succession, sur l'influence que chacune d'elles a exercée, et sur l'importance toujours croissante de la masse des titres *sociaux*; les faits nombreux qui sont arrivés à l'appui, ont dû vous mettre à même de concevoir clairement l'avantage immense qu'il y aurait à adopter un *signe de crédit unitaire*, de même qu'il existe une *monnaie unitaire*.

BANQUE GÉNÉRALE DE PRÊT ET D'EMPRUNT; NOUVEAUX BILLETS.

Vous avez vu pourquoi le *billet de banque* actuel qui correspond sous un certain rapport à l'unité de monnaie, n'en est réellement pourtant que l'appendice, mais ne peut pas être considéré, à l'égard des autres formes des effets du commerce comme étant l'expression d'un progrès analogue à celui qu'on peut constater dans l'existence d'une monnaie unitaire, relativement à toutes les monnaies particulières.

Pour qu'un signe de crédit puisse revêtir le caractère social, il faut qu'il soit la transformation, la représentation de tous les titres plus ou moins individuels qui circulent aujourd'hui; et il faut pour cela que ce nouveau papier participe à la fois et du *billet de banque* actuel et du *titre de rente.*

C'est par la création d'une banque chargée d'émettre de pareils effets qu'on parviendra à généraliser les rapports des capitalistes et des *travailleurs*, à emprunter les instruments de la production aux meilleures conditions possible, en donnant par la nature même du titre d'emprunt une garantie dont les propriétaires oisifs sont privés aujourd'hui, celle de n'être plus exposés à perdre brusquement leur fortune par la faillite des individus dont ils avaient escompté les engagements, et à introduire enfin dans l'atelier industriel un ordre indispensable à sa prospérité.

Nous allons vous donner de la manière la plus brève une idée générale de ce nouveau système de banques.

Cette banque serait une véritable caisse de prêt et d'emprunt. Elle devrait être dirigée par les chefs de l'industrie, qui, au lieu de verser des fonds en espèces, comme cela est exigé aujourd'hui de tous les actionnaires des banques, donneraient une certaine garantie personnelle comme dans les compagnies d'assurance (1).

_____

(1) Dans les applications que nous ferons de ces vues nous montrerons comment on pourroit remplacer les trésors entassés dans les caves de la Banque de France par des titres de rente.

Elle escompterait les effets de toute l'industrie avec ses propres billets *portant intérêt et non remboursables à vue.* La solidité de ces billets serait ainsi directement liée à celle de tous les *travailleurs.*

Ces billets remplaceraient de cette manière tous les effets particuliers et deviendraient par conséquent la base principale de tous les placements, de même que les billets de l'échiquier en Angleterre.

Nous n'avons parlé que d'une banque, ce qui ne veut pas dire qu'il n'y aurait qu'un *seul* comptoir ; car précisément pour que son action devienne générale, il est nécessaire que le comptoir principal se subdivise en une foule de comptoirs spéciaux, afin qu'on puisse procéder, dans l'escompte des valeurs de l'industrie, avec un degré de certitude qui manque aujourd'hui à tous les banquiers, parcequ'il n'existe pas de division ni de combinaison dans leur travail.

Cette spécialisation des banques qui se généraliseraient de plus en plus, est le seul moyen de remédier à la concurrence que se livrent les *travailleurs* entre eux ; concurrence qui exerce une action délétère sur le corps industriel ; c'est le seul moyen d'harmoniser toutes les parties de la production et de prévenir des encombrements inévitables dans l'état d'isolement dans lequel sont placés aujourd'hui tous les *travailleurs* les uns vis-à-vis des autres (1).

Revenons cependant à l'explication du mécanisme de ces banques. Les nouveaux billets n'étant pas remboursables à vue, il n'est plus nécessaire d'entasser dans des caves des monceaux immenses d'or et d'argent, comme font les banques actuelles, afin d'être en mesure de faire face à des demandes imprévues de remboursement.

Mais il ne faut pas croire pour cela que ces billets ne puissent jamais être remboursés : car tout porteur de ces nouveaux billets de banque aurait, indépendamment de la facilité de la négociation, le

(1) On a fait déjà quelques tentatives dans le but de spécialiser l'escompte des promesses des *travailleurs* ou de leur faire des prêts : MM. Etienne frères ont établi un comptoir pour les entrepreneurs de bâtiments ; il y a encore la caisse de Poissy pour les bouchers, et la caisse des boulangers, etc.

droit de les échanger à chaque instant contre des effets du portefeuille de la Banque garantis par elle, et de faire donner ainsi une
échéance à ces billets ; mais de semblables demandes ne se renou-
velleraient pas souvent, car elles seraient au désavantage du porteur de billets, puisqu'il prendrait, à la place d'un titre divisé d'une
manière facile pour la circulation, titre avec lequel il pourrait constamment se procurer toute espèce d'objets, un autre titre qui ne
présenterait pas la même commodité. Aussi cette faculté ne serait-
elle que transitoire.

Au fur et à mesure que les demandes d'échange de billets *non-
remboursables* contre des effets à terme diminueraient, par suite du
progrès de la *confiance* dans les titres émis par la banque, on éloi-
gnerait les époques des remboursements exigés de l'industrie. On
pourrait d'abord les fixer d'après la durée du travail de chaque
branche de la production, et les reculer successivement jusqu'à ce
qu'on eût fait cesser ce qu'il y a de *provisoire* dans l'organisation actuelle de l'industrie. On arriverait ainsi au système de *commandite*
sous la surveillance, sous la direction des banques spéciales.

Au moyen de l'introduction de ces nouveaux titres, une grande
partie des espèces qu'on est obligé d'employer aujourd'hui pourrait
être transformée soit en ornements, soit en ustensiles dont l'usage
indique un certain degré d'aisance ; ou bien ces espèces pourraient
s'échanger au dehors contre des instruments de travail ou d'autres
objets de consommation. Vous avez vu dans notre première leçon
l'importance d'une économie de cette nature. L'argent finirait par
n'être plus employé que pour les besoins journaliers.

Nous avons dit plus haut qu'il n'existait pas de titre de crédit qui pût représenter, remplacer la *lettre de change*, lui faire
perdre son caractère de *localité*, de même que dans une même ville
le *billet de banque* actuel représente, remplace des effets *individuels*.
Nous avons fait voir que sous ce rapport le *crédit* était en arrière
des progrès effectués par la *monnaie*, qui est uniforme pour toutes
les villes d'un même état.

Les nouveaux billets de banque feraient disparaître successivement
la *lettre de change*, d'abord entre les villes d'un royaume, puis entre

les divers royaumes eux-mêmes, qui se trouveraient bientôt obligés d'adopter notre monnaie de compte, le système décimal.

Il est facile de concevoir comment ces billets pourraient remplacer la *lettre de change*, car comme ils auraient une solidité incomparablement plus grande que celle de tout autre effet, ils auraient cours sur toutes les places de l'Europe, et seraient recherchés comme placements par tous les capitalistes étrangers. Cette dernière circonstance ferait disparaître la différence qui existe entre toutes les villes de commerce, sur le taux de l'intérêt, car avec ces effets on pourrait aller prendre les capitaux partout où ils sont offerts, c'est-à-dire le plus mal employés, pour les distribuer dans tous les lieux où le besoin s'en ferait sentir. Déjà les rentes françaises et anglaises sont classées dans toute l'Europe, mais cela n'est rien en comparaison de l'extension que pourraient prendre les placements sur des titres qui à l'avantage d'une grande solidité ajouteraient celui d'être beaucoup plus commodes pour la circulation que les rentes actuelles. Cet usage contribuerait à resserrer les liens qui, doivent unir les peuples, et établir entre eux une solidarité d'intérêts.

Ces billets se substitueraient ainsi successivement à tous les titres de propriété quelconques.

Nous nous sommes attachés à vous montrer l'indispensabilité d'un titre de crédit qui résumât en quelque sorte tous les titres particuliers; nous vous avons fait voir encore le progrès de la forme des contrats de rente passés entre les *oisifs* et les *travailleurs*; nous vous avons exposé le plan d'une nouvelle banque qui pût émettre des titres véritablement *sociaux* sous la meilleure *forme* pour l'industrie, c'est-à-dire sans condition de remboursement; nous vous avons fait sentir d'une manière nette l'influence que la création de cette caisse générale de prêt et d'emprunt pourrait avoir sur l'amélioration de la condition des *travailleurs*. Elle aurait pour résultats les plus importants 1° de soustraire l'industrie à la dépendance directe des *oisifs*, de les mettre dans l'impuissance d'apporter, comme aujourd'hui, le trouble dans la production, en retirant leurs capitaux aux moindres craintes qu'ils éprouvent; 2° de mettre les chefs du travail en position de diminuer graduellement les redevances payées aux propriétaires, c'est-à-dire de rendre de plus en plus difficiles

les conditions qui permettent à un homme de rester *oisif*. Nous croyons qu'il est inutile de prévenir que nous ne flétrissons pas de ce nom l'individu qui se repose après une vie laborieuse.

Cette diminution des redevances payées à l'oisiveté marcherait parallèlement avec le développement de la morale et avec le progrès des *oisifs*, c'est-à-dire des lâches de l'époque nouvelle. En suivant cette idée on est conduit naturellement à l'avènement pacifique des *travailleurs* au rôle qui leur est destiné.

Jusqu'ici, messieurs, nous avons suivi rigoureusement toutes les indications du passé, nous avons fécondé tous les germes qui existent dans le présent, nous avons interrogé tous les besoins, tous les desirs, et nous nous sommes tenus exclusivement dans une voie purement industrielle, afin de donner plus de rigueur à la démonstration que nous nous sommes engagés à vous présenter sur les moyens transitoires; maintenant je vous répéterai, messieurs, ce que je vous disais naguère : « Nos moyens transitoires les plus puissants, ce sont ceux » que nous mettons tous les jours en pratique : la prédication et »l'enseignement, auxquels nous joindrons bientôt l'éducation mo-»rale et professionnelle de la jeunesse; leur puissance sera telle »qu'ils hâteront singulièrement l'application de nos mesures de cré-»dit, et pourront en abréger considérablement la durée.»

C'est en effet sur la conversion des hommes que nous comptons principalement, c'est surtout sur le développement de leurs sympathies pour les classes malheureuses que nous fondons nos plus grandes espérances. Ainsi, messieurs, nous qui sommes ici pour vous enseigner la loi nouvelle, nous n'avons pas attendu l'établissement des banques et la baisse de l'intérêt pour venir consacrer les biens dont le hasard de la naissance nous avait favorisés à l'amélioration du sort de la classe la plus pauvre et la plus nombreuse, pour nous dévouer tout entiers à cette cause sacrée. Nous espérons que nos efforts vous détermineront à suivre notre exemple. Nous vous ATTENDONS.

Mais avant de terminer cet enseignement, nous devons vous présenter une considération générale sur la France et sur l'Angleterre.

Nous avons eu souvent, dans le cours de nos leçons, l'occasion de citer l'Angleterre pour vous faire voir la supériorité de son organisation industrielle sur celle de la France. Cela justifie bien cette vue de la doctrine sur la nature de la direction principale de ce pays. Cependant il n'y a en Angleterre qu'un grand développement de forces mécaniques, une grande économie de moyens ; mais du reste absence de vie réelle dans toute cette organisation industrielle ; c'est une machine qui broie impitoyablement une foule d'individus ; toutes les relations sociales y sont basées sur l'intérêt, et la confiance n'est qu'une nécessité qui résulte de l'importance et de la multiplicité des opérations industrielles. Les individus sont constamment exposés, par suite de l'*antagonisme* qui domine toutes les relations commerciales, à voir leur existence dérangée, soit par les faillites des banques particulières qui n'ont aucun lien entre elles, soit par l'introduction brusque des machines qui ne profitent guère qu'aux maîtres et principalement aux *oisifs*.

La France, qui a des sentiments, des habitudes d'ordre, d'unité, est préparée à faire un immense progrès sur l'Angleterre. Elle devra ce progrès à la supériorité des relations vraiment *sociales* qui existent entre les diverses classes qu'elle renferme, elle le devra au développement de sa prévoyance pour les classes malheureuses ; et elle prouvera au monde ce principe que nous avons établi dans notre dernière leçon, c'est qu'un grand progrès religieux, c'est-à-dire dans les sentiments d'association, entraîne à sa suite un grand progrès industriel.

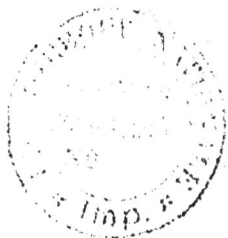

PROJET DE BANQUE

PRÉSENTÉ LE 4 SEPTEMBRE 1830.

PAR MM. PEREIRE.

PROJET DE BANQUE.

Peu de temps après la révolution de juillet, un malaise général se fit sentir en France. Bordeaux poussa le premier cri de détresse, et ce cri fut bientôt répété par toutes les villes.

Le gouvernement, cédant aux sollicitations pressantes qui lui venaient de toutes parts, se vit obligé de nommer une commission pour rechercher les causes de la souffrance de l'industrie et du commerce, et proposer les moyens d'y porter remède.

Mon frère(1) et moi nous présentâmes alors un projet de banque sous le titre de *Compagnie d'assurances mutuelles pour l'escompte des effets*, etc. Il fut inséré dans le *Journal du Commerce* du 6 septembre 1830, et nous l'adressâmes séparément à la commission nommée par le gouvernement, à tous les banquiers et aux principaux négociants de Paris, et à tous les membres de la Chambre des Députés.

Nous le donnons tel qu'il fut primitivement conçu; on verra, dans le Mémoire qui fait suite, les modifications qu'il a subies.

PROJET

DE COMPAGNIE D'ASSURANCES MUTUELLES

POUR

L'ESCOMPTE DES EFFETS A TOUTES ÉCHÉANCES, ET POUR LES AVANCES A FAIRE AU COMMERCE ET A L'INDUSTRIE SUR DE BONNES GARANTIES QUELCONQUES.

Nous proposons de former une association puissante qui par son

1 M. Emile Pereire, auteur de l'examen du budget de 1852.

crédit pourrait assurer des avances au commerce et à l'industrie. Elle serait autorisée par une loi et fondée sur ces bases :

1° Le gouvernement souscrirait une garantie de 50 millions de francs ;

2° Les banquiers et commerçants stipuleraient librement l'importance de leur garantie et de leur coopération.

Il serait émis au nom et sous la responsabilité de l'association des *bons au porteur* produisant intérêt à raison de 1 centime par jour pour 100 fr, ou 3 65 pour 100 l'an, payables tous les six mois, 1ᵉʳ avril et 1ᵉʳ octobre; l'intérêt s'ajouterait chaque jour à la somme principale de chaque bon. L'escompte des effets à deux signatures, des effets à toutes échéances, les prêts sur dépôts, etc., seraient l'objet de l'association.

Un conseil composé de banquiers, de négociants, de manufacturiers notables dans chaque branche d'industrie, et de personnes nommées par le gouvernement, jugerait de la solvabilité des emprunteurs et déterminerait la nature des gages qui seraient exigés, le terme du remboursement, etc.

L'avance se ferait en bons de l'association.

Les bons retournent naturellement dans la caisse de l'association en acquit des engagements escomptés, et indépendamment de ce mode d'amortissement, la compagnie emploie tous les fonds qui lui rentrent par le recouvrement des effets à racheter ses bons sur la place, de manière à établir toujours la balance entre son portefeuille et la masse de ses billets.

Chaque emprunteur paierait 3 fr. 65 c. pour 100 d'intérêt jusqu'à l'échéance de chaque prêt, plus 1/2 à 2 pour 100 de commission, plus ou moins, selon la durée du prêt et la nature des garanties qu'il offrirait.

Les bénéfices résultant de cette commission seraient réservés jusqu'à la fin des opérations de l'association qui serait formée pour un an, sauf à être renouvelée s'il y avait lieu.

Les frais d'administration et les pertes, s'il y en avait, seraient prélevés sur les bénéfices, l'excédant serait réparti entre le gouvernement et les autres souscripteurs, en proportion de chaque souscription.

Avec une pareille combinaison, il n'est pas possible de concevoir la moindre crainte sur les résultats des opérations de cette compagnie.

Cette compagnie ne serait en effet qu'une vaste maison de banque placée dans les circonstances les plus favorables, puisqu'à l'avantage de répartir ses risques sur une très grande masse, elle joindrait celui de jouir du meilleur de tous les crédits. Or, une maison de banque peut manquer, mais l'ensemble des maisons de banque fait de bonnes affaires, et cette compagnie doit être considérée comme la réunion des meilleures maisons.

Mais si, par impossible, les pertes excédaient les bénéfices, le gouvernement les supporterait *seul*, jusqu'à concurrence de 25 millions; si les pertes dépassaient cette somme, l'excédant serait réparti entre les souscripteurs, le gouvernement entrant dans cette répartition en proportion de ses 25 autres millions.

Le gouvernement s'engagerait à prendre en paiement des impôts les bons de l'association.

Les banquiers pourraient toujours se livrer à l'escompte du papier des clients qui leur sont particulièrement connus, et ils l'échangeraient moyennant une légère commission contre les bons de la compagnie. Ils deviendraient ainsi les agents d'une immense circulation, et réaliseraient des bénéfices considérables.

Paris, le 4 septembre 1830.

Voici la lettre dont nous accompagnâmes l'envoi de ce projet à la commission du gouvernement; cette lettre fut écrite par mon frère.

MESSIEURS,

Nous venons soumettre à votre examen attentif un plan financier que nous croyons propre à soulager l'Industrie et le Commerce, et à conjurer les funestes effets de la crise commerciale qui se prépare.

Si vous trouvez défectueuse la formule que nous proposons, modifiez-la, changez-la ; ce n'est point une satisfaction d'amour-propre que nous réclamons ; nous avons vu le mal qui agite la société, et qui de proche en proche va gagner tous ses membres ; l'important était de le signaler afin qu'on pût y porter remède.

La révolution de juillet a détruit pour jamais l'ancien régime que les efforts de nos pères n'avaient pu entièrement extirper en 89 et en 93 : un ordre entièrement nouveau va s'établir, fondé sur la liberté ; ordre qui doit tendre à donner chaque jour une plus grande importance *au travail*, et qui doit faire successivement décroître tous les avantages, disparaître toutes les distinctions qui n'auraient pas ce dernier objet en vue. L'avenir de la France est beau ; elle marche fière à la tête de la civilisation du monde entier. Appuyée sur le libre développement de l'industrie unie à la science, tous les peuples de l'univers diront encore son bonheur et sa gloire.

Les Français peuvent donc dormir tranquilles sur leur destinée ; mais le présent est chargé de nuages, un malaise général se fait sentir : il a pour cause la suspension du crédit, les entraves qu'éprouve la circulation.

Vous le savez, Messieurs, le Commerce et l'Industrie ne peuvent se développer qu'à l'abri de l'ordre et des lois ; les guerres, les grandes commotions arrêtent leur essor.

De grandes entreprises avaient été formées sous l'ordre, sous les institutions qui viennent d'être détruits ; on s'était livré, sous leur protection, à des opérations de crédit qui se trouvent aujourd'hui arrêtées ; les capitaux, craintifs de leur nature, ne s'offriront au travail que lorsque l'ordre nouveau sera mieux établi, plus consolidé. En attendant, les anciens engagements vont devenir exigibles ; les ventes sont presque suspendues ; la spéculation étant arrêtée, la consommation alimente faiblement nos magasins, qui regorgent des produits fabriqués ou importés. Ce malaise est grave, chaque jour il le sera davantage, parce que chaque jour de nouveaux engagements arrivent à leur terme. Il faut se hâter d'y remédier, car après avoir frappé l'industrie dans ses chefs, ce malaise gagnerait l'industrie dans ses ouvriers, la France dans son peuple ; ce peuple, pour qui le présent est tout, parce qu'il ignore son avenir, et que, vivant le jour du travail du jour même, il n'a pas de lendemain, et pour lui l'inaction c'est la faim et la misère, ou la révolte.

D'autres proposeront des mesures énergiques pour calmer l'effervescence de ce peuple qui se réunit pour demander du travail. Certainement lorsque, comme hier, on le voit briser nos machines, on déplore l'ignorance dans laquelle on le laisse, ignorance qui l'empêche de voir le mal où il est réellement; car si on avait pris soin de lui accorder une faible parcelle de l'instruction qu'on prodigue à ses bourgeois, il saurait qu'en brisant des machines il détruit une richesse, et que sa misère doit en être augmentée, parce que tout se tient dans l'industrie; la ruine du particulier diminue la fortune de la masse.

Une grande démonstration de forces pourra certainement dissiper les rassemblements d'ouvriers imprimeurs qui encombraient hier nos quais et nos rues; mais voyez un peu ce qui va advenir, et combien ils se trompent lorsqu'ils attribuent aux machines seules le mal qui les menace. L'imprimerie fournit ses produits aux libraires contre des engagements à un an et dix-huit mois de terme; dans des temps ordinaires, ces engagements trouvent un placement facile chez des capitalistes ou banquiers qui en font l'escompte habituel. Nos troubles ont suspendu presque tous les escomptes, et les valeurs à long terme sont d'une négociation impossible; croyez-vous, Messieurs, que, dans de pareilles circonstances, l'imprimeur puisse continuer à fournir de l'ouvrage à ses ouvriers? Car comment les paiera-t-il? avec les bons des libraires? ils n'ont pas cours au marché. Du reste, pour imprimer, il faut du papier; s'en procurera-t-il avec des effets dont la solvabilité s'affaiblit par la difficulté du placement? Ce que nous disons ici de l'imprimerie peut s'appliquer à toutes les industries, et vous allez voir de proche en proche se grossir et s'amonceler l'orage qui gronde sur nos têtes.

Une association puissante, comme il est dit en tête du projet qui vous est soumis, peut seule nous sauver du naufrage dont nous sommes menacés. Contre un mal aussi général, les efforts *individuels* sont impuissants; la philanthropie la plus vive aidée de quelques fortunes isolées ne pourrait procurer que des palliatifs incomplets; il faut un concours de tous les efforts, de toutes les fortunes, pour sauver la fortune publique, pour assurer le repos général.

Il faut se hâter, Messsieurs, car le peuple, dont la prévoyance ne peut être très étendue, pourra bientôt se demander pourquoi il s'est battu, pourquoi il a vaincu ; ne voyant que le bien-être matériel, et comparant sa position nouvelle à celle dans laquelle il était placé avant les événements, il pourra presque regretter sa victoire et accuser injustement ses nouveaux chefs.

Nous l'honneur de vous saluer avec une considération très distinguée,

PEREIRE, *rue Montholon, n° 26.*

Paris, le 4 septembre 1830.

—

La commission avait déjà arrêté son travail lorsque ce projet lui fut remis.

Quelques-uns des principaux banquiers de Paris sentirent immédiatement toute l'importance de ce plan financier ; d'autres, souhaitant en secret de le voir adopter, craignaient toutefois d'ébranler leur crédit en paraissant le favoriser ouvertement, tant est grande la défiance qui règne aujourd'hui dans l'industrie. Néanmoins une réunion fut convoquée à la Bourse dans une des salles du tribunal de commerce. Cette réunion se composait de

MM. OLINDE RODRIGUES, ex-directeur de la Caisse hypothécaire, aujourd'hui chef du culte saint-simonien.

MALLET, de la maison Mallet frères et compagnie.

FERRÈRE-LAFFITE, de la maison J. Laffite et compagnie.

COTTIER, membre de la chambre de commerce et du conseil de la Banque de France, associé de la maison André et Cottier.

B. FOULD, membre de la chambre de commerce, associé de la maison Fould et Fould-Oppenheim.

CH. VERNES, membre de la chambre et du tribunal de

commerce, associé de la maison Ador Vernes et
- Dassier.

MM. LINNEVILLE, de la maison Linneville-Lelièvre et compagnie.

OCKSTRA, pour la maison Thuret et compagnie.

ARDOIN.

R. VASSAL, député, président du tribunal de commerce.

THIBAUDEAU, manufacturier.

ODIER, député, membre de la chambre de commerce, du conseil de la banque de France et de la maison Gros Davillier, Odier et compagnie.

J. LEFEBVRE, Député, membre du conseil de la banque de France.

RUFFIER, négociant, actuellement agent de change.

Trois banquiers furent choisis pour examiner le projet et en discuter les bases avec les auteurs.

C'est à la demande de cette commission que je rédigeai le Mémoire suivant, qui est une des applications directes des idées développées dans mes leçons. Il montrera à quel point nous pressentions alors ce qui est arrivé depuis. La chambre des députés préféra adopter une mesure bâtarde qui fut impuissante à prévenir la crise affreuse qui s'est fait sentir dans toute l'Europe.

Une somme de 30 millions a été distribuée par le gouvernement en prêts ou en avances; mais cette forme de secours était trop vicieuse pour qu'elle pût atteindre les établissements industriels qu'il importait de sauver : ceux qui étaient bons en eux-mêmes, et qui n'éprouvaient qu'une gêne momentanée, s'imposèrent volontairement d'énormes sacrifices plutôt que de recourir à la commission chargée de distribuer ces 30 millions, car on était sûr de perdre son crédit en s'adressant à elle. Par cette raison le choix des clients ne pouvait manquer d'être très défectueux.

La commission reçut

1024	demandes de Paris qui s'élèvent à	59,848,700 fr.
392	demandes des départements à	53,399,645
1416	demandes montant ensemble à	113,243,345 fr.

Les avances accordées se distribuèrent ainsi :

249	dans le département de la Seine	14,495,432 fr.
196	dans les autres départements	15,505,068
445	prêts montant ensemble à	30,000,000 fr.

D'après ces résultats 970 demandes montant à 83,243,345 fr. se trouvèrent écartées, partie en raison de la situation des réclamants, partie en raison de la situation des avances dont les ressources étaient limitées ; mais les refus de la commission placèrent tous les demandeurs écartés dans une très fausse position ; leur crédit, quelle que fut la cause du refus, en souffrit beaucoup, et ce secours, destiné en apparence à prévenir la crise commerciale, eut au contraire pour effet indirect de la précipiter. En s'adressant à la commission, on s'était nécessairement aliéné les autres ressources du crédit ; les refus ou la réduction de la commission donnèrent le signal de nombreuses faillites ; cette grande débacle, rejaillissant même sur les maisons qui avaient été secourues, changea leur position, et un très grand nombre de ces dernières (notamment celles à qui il avait été fait de fortes avances) tombèrent également en déconfiture ; d'autres furent forcées de liquider, et l'on sait ce que sont les liquidations commerciales dans des moments de crise.

Nous serions fort étonnés si le compte de liquidation de cette opération ne présentait pas une perte majeure à l'état.

D'ailleurs, le projet de banque que nous reproduisons avec ses développements n'était pas seulement une œuvre de circonstance. En le méditant on reconnaîtra au contraire que c'est un grand perfectionnement de tous les établissements de crédit existants aujourd'hui. Il peut servir à montrer la valeur organisatrice de la doctrine de Saint-Simon dans ses applications à l'état actuel de l'industrie.

MÉMOIRE

ADRESSÉ A LA COMMISSION NOMMÉE POUR L'EXAMEN DU PROJET DE BANQUE PROPOSÉ PAR MM. PEREIRE.

—

La commission chargée d'examiner le projet que nous avons eu l'honneur de soumettre à la Banque s'est déjà réunie à cet effet. Avant d'aller plus loin, elle a désiré s'éclairer davantage, non seulement sur l'utilité de ce projet dans les circonstances actuelles, mais encore sur les avantages qu'il offre pour l'avenir. Elle nous a demandé en outre de lui donner un aperçu des bénéfices que peut présenter l'affaire en elle-même. L'un des membres de cette commission nous a engagés à reproduire les motifs qui nous ont déterminés à réclamer le concours du gouvernement.

Dans le projet primitif, nous n'avions songé qu'à établir une banque fondée uniquement sur le crédit; mais, d'après l'avis de plusieurs banquiers, nous avons modifié cette vue, en admettant les conditions d'un premier versement de fonds, qui serait du dixième par exemple du capital social, afin de pouvoir effectuer des escomptes immédiats, et d'établir successivement le crédit de cet établissement sur des bases solides. Ce projet ainsi modifié n'est plus qu'une caisse d'escompte, dans laquelle on introduirait des germes d'avenir qui pourraient se développer et porter assez promptement tous leurs fruits. En créant un établissement que réclament impérieusement les circonstances, on sortirait ainsi du cercle étroit du moment, et on aurait élevé, pour l'avenir, une institution destinée à donner aux opérations de crédit une grande simplicité, à améliorer la position de l'industrie, et à procurer aux banquiers chargés de diriger cette importante affaire des bénéfices considérables.

Il serait surabondant d'insister sur les motifs qui rendent nécessaire, pour le moment, l'institution d'une caisse d'escompte assez puissante pour remplacer en partie les escomptes individuels auxquels la plupart des banquiers ont cessé de se livrer d'une manière aussi large qu'avant la révolution de juillet; ils sont connus de tout le monde, nous nous bornerons donc à les rappeler sommairement.

Lorsque la société vient d'éprouver un changement aussi important que celui qui s'est opéré dans nos institutions, dans nos habitudes politiques, il est impossible d'éviter, par les moyens ordinaires, que la marche des affaires ne soit ralentie : les banquiers retirent les crédits qu'ils accordaient antérieurement, ils donnent moins de signatures et n'escomptent plus qu'une faible partie des engagements de l'industrie dont la solidité n'a cependant pas été ébranlée. Mais il suffit qu'on ait peur pour que toutes les inquiétudes se trouvent justifiées : on attend que le nouvel ordre de choses soit bien consolidé avant de recommencer les opérations accoutumées.

Pendant ce temps, l'industrie, frappée subitement du retrait des capitaux, sur lesquels elle était habituée à compter, va lutter à grand'peine pour parer à ses engagements, et pour continuer ses travaux journaliers; ou elle forcera la consommation en anticipant la vente de ses marchandises, et en les livrant sur le marché à vil prix, ou bien elle arrêtera son travail, renverra un grand nombre d'ouvriers, et gardera ses machines inactives.

Si l'on ne prévenait pas un pareil état de choses, il serait à craindre aujourd'hui que le mal ne se bornât pas à la ruine d'un grand nombre d'établissements florissants, à la destruction d'une grande quantité de richesses matérielles. L'esprit du peuple est en fermentation; et lorsqu'il demande à si juste titre qu'on améliore sa position, il faut bien se garder de l'empirer en lui retirant par imprévoyance un travail nécessaire à son existence.

Les banquiers eux-mêmes sont engagés directement ou indirectement dans toutes les entreprises industrielles, par leurs commandites, par leurs signatures, et par leurs propres portefeuilles. Se retirer tout à fait du mouvement serait chose impossible pour eux; ils doivent au contraire dans leur propre intérêt continuer leurs opérations. Mais, comme elles peuvent présenter des chances à des individus isolés, il ne leur reste d'autre moyen pour les annuler que de s'assurer mutuellement, de courir en commun, chacun pour une somme librement déterminée, des risques couverts par une prime suffisante.

L'idée de l'association projetée étant donc justifiée par les circon-

stances présentes, il nous reste à en faire sentir toute l'importance
pour un avenir peu éloigné. Et, pour mieux faire comprendre notre
pensée, nous en ferons ressortir les avantages par une comparaison
avec la banque de France, chaque fois que l'occasion s'en présentera.

Le nouvel établissement doit être considéré comme un *bureau
de prêt ou d'emprunt*, où toute l'industrie, par l'intermédiaire des
plus riches banquiers agissant comme assureurs, emprunterait à tous
les capitalistes aux conditions les plus favorables, puisque les porteurs des *bons* qui sont les véritables actionnaires de l'association,
restant étrangers aux chances de prêts individuels, trouveraient un
placement de leurs capitaux plus facile et plus sûr.

Le bénéfice de la compagnie serait par conséquent la prime d'assurance qui lui serait abandonnée par les capitalistes pour le travail
commercial auquel elle se livrerait dans le choix du papier qu'elle
prendrait, et pour couvrir les faillites qu'elle aurait à supporter.

Cette prime qui, dans les habitudes actuelles de crédit industriel,
est très élevée, à cause, d'une part, de l'impuissance dans laquelle
se trouve un homme étranger aux affaires de juger de la solvabilité
d'un industriel, et, d'autre part, du privilége dont *celui qui possède*
est toujours investi à l'égard de *celui qui travaille*, cette prime, di-
sons-nous, pourrait être fortement diminuée lorsque son importance
serait déterminée par des juges compétents.

Une pareille institution, en généralisant le crédit, améliorerait la
position de l'industrie, puisqu'elle tendrait directement à faire baisser
le taux de l'intérêt, et à réduire la prime d'assurance dont nous venons de parler. *Elle augmenterait donc ainsi la solvabilité des travailleurs.* Elle régulariserait en outre le taux de l'intérêt, en permet-
tant aux banquiers de mobiliser leurs portefeuilles, de le faire circuler en découpures commodes *sans nuire à leur crédit.*

Le taux de l'intérêt varie généralement sur toutes les places de
commerce à diverses époques du mois. Elevé la veille des échéances,
il tombe aussitôt que les paiements sont effectués. Ces variations
proviennent de l'inutilité d'un agent de circulation, qui ne rapporte
aucun intérêt entre les époques de la liquidation des effets de commerce ou des fonds publics; pendant cet intervalle, il y a abondance,
et dans les moments où s'opère cette liquidation, il y a ce qu'on ap-

pelle vulgairement *rareté d'argent* ; les escomptes se resserrent, et c'est alors que l'industrie est livrée aux capitalistes comme une proie à exploiter.

C'est à ces époques que la banque de France reçoit la plus grande partie de bordereaux à l'escompte ; et, comme sur la place de Paris les banquiers ne sont pas dans l'usage de négocier leurs endossements, les meilleurs crédits sont obligés de livrer leurs effets à 4 pour 100, tandis que peu de jours après ils prennent eux-mêmes du papier à 3 et 3 3/4 pour 100. Les banquiers ne mettent donc leurs engagements à la banque que lorsqu'ils ont besoin d'argent, aussi usent-ils très *sobrement* de cette facilité, et ils sont forcés, dans ce but, de garder en caisse des sommes considérables.

Un autre motif tout aussi puissant contribue à limiter la masse des escomptes auxquels se livre la banque de France ; les billets qu'elle donne en paiement *ne faisant que l'office de monnaie*, et restant comme valeurs mortes dans les mains de ceux qui les emploient momentanément, si elle en émettait au delà des besoins de la circulation, ils reviendraient immédiatement au remboursement, et dans une proportion bien plus forte que celle dans laquelle on aurait dépassé cette limite. Les services que la banque actuelle peut rapporter au commerce sont donc bornés, parce que comme *ses billets ne devraient offrir à la rigueur qu'un simple avantage de commodité pour la circulation*, et que son crédit repose sur la certitude morale qu'ils seront remboursés à présentation, elle est forcée pour entretenir cette *illusion* d'apporter une très grande prudence dans l'émission de son papier.

Mais si, par hypothèse, les banquiers pouvaient payer la plus grande partie de leurs *acceptations* avec les effets de leurs portefeuilles, on concevra facilement qu'ils n'éprouveraient jamais de gêne, et qu'ils ne perdraient aucun intérêt. *Le taux de l'escompte serait alors régulier.*

Cette hypothèse du paiement direct de ses acceptations avec les effets de son portefeuille, ne serait pas réalisable de cette manière, parce que tout le monde ne peut pas accorder une égale confiance à chaque individu en particulier. Cela n'est possible qu'en généralisant la confiance, en convertissant la plus grande partie des endossements individuels en *bons portant intérêt* et offrant la garantie colossale que nous voulons leur donner, c'est-à-dire celle du gouvernement et de toutes les meilleures maisons solidaires entre elles, chacune pour une somme fixée librement (1).

Nous avons prouvé qu'à l'aide de cet établissement les banquiers pourraient faire circuler leurs portefeuilles *sans nuire à leur crédit*, inconvénient auquel ils n'échapperaient pas aujourd'hui s'ils négociaient sur place leurs endossements. Il nous reste maintenant à faire entrevoir une autre conséquence non moins importante de l'introduction sur la place de ces bons portant intérêt, celle de diminuer considérablement la masse des acceptations particulières, puisque chaque banquier pourrait mettre à la nouvelle banque la plupart des effets qu'il reçoit par comptes courants, et donner par contre des bons de cette association à la place de sa signature. Cela leur permettrait à tous d'étendre leurs escomptes et d'augmenter ainsi la masse de leurs commissions.

Le *crédit* de toutes les maisons véritablement utiles à l'industrie augmenterait immédiatement par l'effet d'une semblable organisation. Car aujourd'hui il se passe une chose étrange, c'est que le public accorde des crédits en raison inverse de l'*utilité* des individus. Ce ne sont pas seulement les banquiers qui opèrent le mieux, mais bien ceux qui ne font presque rien, qui peuvent disposer de la plus grande quantité de capitaux, et aux meilleures conditions.

Cette mesure aurait l'avantage de soustraire le crédit des maisons de banque à l'appréciation irrégulière et imparfaite à laquelle il est soumis aujourd'hui de la part d'individus *nécessairement incompétents*, puisqu'ils ne possèdent pas tous les éléments propres à rendre leur estimation exacte. En effet, un particulier ne peut jamais savoir

---

(1) Ces *bons*, qui ne seraient que la représentation des effets escomptés par la banque, serviraient à acquitter ces mêmes effets à leur échéance. C'est, ainsi qu'on l'a vu dans le texte du projet, le principal mode d'amortissement de ces nouveaux billets. Nous ne répétons cette observation que pour tranquilliser l'esprit des personnes qui ne concevraient pas le mécanisme de cette banque.

positivement, si ce n'est dans des cas exceptionnels, non seulement si une maison abuse ou non de son crédit, mais, ce qui est plus important encore, si elle opère imprudemment. Aussi limite-t-il souvent à tort ses placements sur des acceptations de toute solidité, tandis qu'il en prend de préférence d'autres qui ne méritent pas une égale confiance.

Cette nouvelle banque, devenant le centre de toutes les opérations commerciales, pourrait prononcer avec assez de certitude sur le degré de confiance à accorder à chaque maison. Une prime plus forte exigée de la part des personnes qui paraîtraient douteuses, des diminutions ou même des refus de crédit faits à propos et à temps, préviendraient sans doute beaucoup de malheurs. De pareils avertissements, de semblables mesures empêcheraient un grand nombre de faillites ou même les rendraient bien moins considérables (1); tandis que trop de personnes sont maintenant *victimes* par suite de l'impossibilité dans laquelle elles sont d'apprécier les *moyens* et la *moralité* des maisons qu'elles créditent.

Une objection qui a quelque valeur dans l'état de désordre presque absolu dans lequel se trouve l'industrie a été faite à notre projet. On nous a dit : Mais vous allez encore encourager la production, qui n'est déjà que trop forte, car tous les magasins sont engorgés. Nous pourrions expliquer l'abondance accidentelle des marchandises sur le marché par la nécessité dans laquelle on s'est trouvé de réaliser des fonds en l'absence des escomptes ordinaires; mais nous devons nous hâter d'assigner une cause plus générale à ce qu'on appelle vulgairement une trop forte production. Il n'y a jamais, en définitive, qu'une trop grande production des mêmes choses : ce qui tient à l'isolement des travailleurs, à la concurrence qu'ils se livrent entre eux, et qui exerce sur l'industrie une action délétère, maintenant qu'elle a dépassé son but, celui de détruire les monopoles, d'obtenir le perfectionnement des procédés industriels. Or, comme les produits s'échangent entre eux, dès qu'il y a désordre, cette balance

(1) Le comptoir d'escompte de MM. Etienne frères a certainement diminué le nombre des faillites parmi les entrepreneurs de bâtiments, et il les a rendues moins mauvaises.

ne peut plus s'établir; il y a par suite, d'un côté des bénéfices exagérés, et d'un autre des pertes considérables.

Une banque centrale qui pût balancer, avec plus de justesse qu'on
ne l'a jamais fait, les divers besoins que l'industrie éprouve dans
toutes les directions, modérer sur un point, augmenter sur un autre
les crédits demandés, tendrait successivement à introduire cet ordre
si nécessaire pour qu'aucune partie notable du travail ne fût mal
employée et par conséquent perdue.

Tels sont les services que notre institution est appelée à rendre
peu à peu, mais d'autant plus vite qu'on aura établi dans son sein
une division plus parfaite, et qu'elle aura provoqué au dehors une
spécialisation de plus en plus grande des maisons de banque, de manière à ce que chacune d'elle soit affectée à la surveillance, à la direction d'un seul genre d'industrie.

Revenons aux avantages prochains que présente la banque projetée.

Elle doit amener successivement les capitalistes à faire à l'industrie des prêts à un an ou à plus long terme, comme cela se pratique sur nos places maritimes, car ils finiront par garder ses bons
comme des titres de rente, et on sent de suite combien cela facili-
terait les opérations de la compagnie.

Il y a dans la banque de Paris un préjugé généralement établi et
qui consiste à ne prendre de papier de l'industrie que dans les
échéances de 3 à 4 quatre mois. On s'imagine que la solvabilité
d'un homme à qui l'on ne prête qu'à 3 mois est plus grande pour
cela, tandis que c'est le contraire dans une infinité de cas, comme
il nous sera facile de le prouver. Une des choses qui a le plus contribué à perpétuer cet usage, adopté du reste sur presque toutes les
places de commerce, et qui, en indiquant les craintes et la défiance
des distributeurs des capitaux, place les travailleurs dans un provisoire permanent, c'est le règlement de la banque de France qui ne
lui permet pas d'escompter des effets à plus de 90 jours; ce règlement a pour principale cause l'impossibilité dans laquelle serait la
banque de satisfaire au remboursement de ses billets, si, au lieu de
ne rester dans la circulation que 45 jours, moyenne des échéances de son portefeuille, elle prétendait les y laisser pendant 4 ou 5

mois, chose qui au contraire arrivera généralement pour les bons de l'association, à cause de l'intérêt qui y sera attaché.

Nous avons dit que la solvabilité de l'industrie n'était pas augmentée par l'habitude de souscrire des engagements à 3 mois. En effet, il existe beaucoup de branches d'industrie dans lesquelles la production et l'écoulement complet des marchandises exigent un temps bien plus long : ainsi les tanneurs qui gardent leurs cuirs plus d'un an dans les fosses, les marchands de charbon qui font de longs crédits aux manufactures qu'ils approvisionnent, les raffineurs, etc., et presque tous les marchands qui sont obligés d'avoir un assortiment qui ne peut pas être épuisé immédiatement. Il est donc évident que, quel que soit le biais qu'on prenne, on est toujours dans la nécessité de renouveler la promesse de ceux dont le travail ne s'accomplit et ne se réalise pas dans 3 mois. Les fabricants ou marchands ne paient jamais, en dernière analyse, que quand ils peuvent : mais en attendant, le système des renouvellements les écrase de commissions, et dans des moments de crise ils sont menacés de ne pouvoir prolonger leurs billets : ils sont donc toujours sous le couteau. On dira pourtant avec raison qu'il y a bien quelques dangers à courir en prêtant à longs termes, parce que des personnes pourraient abuser de cette facilité. Le crédit est une arme à deux tranchants; toute la question consiste à savoir la manier, c'est-à-dire à connaître autant que possible les individus auxquels on prête. Mais nous maintenons en résumé que les négociants ou les manufacturiers les plus solides sont ceux qui ne s'obligent à payer que quand ils le peuvent, parce qu'alors ils travaillent avec confiance et sécurité. Cependant comme il faut fixer un terme, nous proposerons d'escompter provisoirement, et pendant longtemps, des effets à 6 mois, échéance généralement adoptée dans l'industrie.

Reproduisons ici les dispositions du projet, afin d'en faire bien comprendre l'économie et de présenter un aperçu des bénéfices qu'on peut espérer de réaliser.

« Un capital de garantie serait formé, soit par les banquiers et pre-
» mières maisons de commerce seuls, soit avec le concours du gou-
» vernement.

« Il serait versé en espèces un dixième de la souscription.

« Il serait émis, au nom et sous la responsabilité de l'association
» anonyme, *des bons au porteur*, produisant intérêt à raison de 1 cen-
» time par jour pour 100 fr., ou 3 fr. 65 pour 100 l'an, payables tous
» les 6 mois, 1er avril et 1er octobre ; l'intérêt s'ajouterait chaque jour
» à la somme principale de chaque bon.

« L'escompte des effets à deux signatures, des effets jusqu'à 6 mois,
» les prêts sur dépôt de rentes seraient l'objet de l'association.

« L'avance se ferait soit en espèces, soit en *bons* de l'association.

« Chaque emprunteur paierait 3 fr. 65 c. p. 100 d'intérêt jusqu'à
» l'échéance de chaque prêt, plus demi à 2 p. 100 de commission, plus
» ou moins, selon la durée du prêt et la nature des garanties qu'
» offrirait.

« Ces bons retournent naturellement dans la caisse générale, soit
» par le paiement des effets escomptés, soit par les rachats opérés par
» la banque avec les fonds provenant des rentrées en espèces ; ils ont
» ainsi pour échéance réelle l'échéance moyenne du portefeuille de
» la compagnie.

« Chaque porteur de bons pourrait même avoir la faculté de faire
» l'échange de ses bons contre des effets escomptés par la compagnie
» et portant sa garantie. »

Et d'abord on nous a demandé si l'on échangerait directement les
bons de l'association contre les effets de chaque emprunteur ; dans
ce cas on nous eût fait sentir l'inconvénient de la nouvelle opération
à laquelle chaque individu serait obligé de se livrer pour la négociation de ces bons(1), jusqu'à l'époque où ils pourraient facilement circuler comme monnaie dans toutes les branches du commerce. Nous
ne pensons pas que cet échange direct soit nécessaire avec tous les
emprunteurs : car il serait ouvert dans l'établissement un bureau

(1) Le même inconvénient subsiste cependant pour les acceptations que
les banquiers livrent aux industriels, et dont ceux-ci sont obligés d'opérer
la négociation. Nous ne répondons d'ailleurs à cette objection que pour
satisfaire les esprits les plus exigents, car nous pensons que ces bons ne
tarderaient pas à circuler comme monnaie et s'échangeraient ainsi directement contre les instruments de travail.

d'emprunt où les capitalistes viendraient apporter leurs fonds contre
ces nouveaux effets; ainsi on pourrait en effectuer des négociations
importantes par l'intermédiaire des banquiers qui auraient un intérêt
virtuel à favoriser le placement de ces bons chez leurs clients, puisque ce serait le seul moyen pour eux de pouvoir utiliser constamment leurs portefeuilles et de *transformer leurs acceptations en endossements ;* comme le taux de 3 fr. 65 c. p. 100 est assez élevé pour des
bons aussi solidement garantis, il est probable qu'ils gagneraient
bientôt une prime qui serait laissée comme commission aux banquiers qui en faciliteraient l'écoulement.

Au moyen de la double condition du non-remboursement à vue et
de l'échange facultatif des bons de la banque contre les effets escomptés, cet établissement pourrait, dans des temps de crise, continuer à
prêter à l'industrie les plus grands secours en faisant circuler avec une
garantie *sociale* directe des effets qui seraient restés sans cela comme papier mort jusqu'à l'échéance dans les portefeuilles des industriels, privés ainsi des moyens d'alimenter leurs travaux.

Dans de pareilles circonstances les banques ordinaires commen-
cent par diminuer ou arrêter tout à fait leurs affaires. Si les billets se
présentent en trop grande abondance au remboursement, ce qui est
inévitable, elles sont obligées de suspendre leurs paiements, chose
qui est déjà arrivée à tous les établissements de ce genre qui comp-
tent une assez longue existence, et dont la banque de France n'a
été exempt qu'à l'aide de petites manœuvres qui indiquent le
vice radical de sa constitution.

Nous allons donner maintenant sous deux points de vue un aperçu
des bénéfices sur lesquels on doit compter.

APERÇU DES BÉNÉFICES DE LA NOUVELLE BANQUE.

PREMIER POINT DE VUE.

Le taux moyen des comptes courants ouverts chez tous les banquiers à l'industrie et au commerce est de 4 à 5 p. c/o, soit

4 f. 50 p. o/o au moins. La commission qu'ils prélèvent en outre varie de 1/4 à 1/2 p. o/o pour les effets dont l'échéance commune est de 5 mois; il faut donc ajouter 1/3 o/o pour tous les trois mois, soit

1 f. 33 c. pour un an.

5 f. 85 c. ensemble.

Supposons que ce sera également la la moyenne des taux d'escompte de la nouvelle banque, commission comprise; il faudra alors déduire :

3 f. 65 c. pour les intérêts qu'elle bonifie sur ses bons.

2 f. 18 c. commission ou somme ronde 2 f. 15 c.

Soit donc pour fr. 150,000,000 d'escompte à l'industrie, un bénéfice de 3,225,000 fr., auxquels on doit ajouter la prime prélevée sur les escomptes faits aux banquiers, ainsi qu'on le verra dans le tableau suivant.

DEUXIÈME POINT DE VUE.

Tableau du portefeuille de la nouvelle banque et du bénéfice par nature de papier.

L'escompte à 3 f. 65 p. o/o

	taux d'intérêt.	bénéfice.
60 mill. papier à 4 mois en moyenne. à 1/2 o/o de com., ou 1 1/2 env. p. an	5 » 15	900,000 fr.
50 id. 3/4 d° 2 1/4 »	5 ».90	1,125,000
40 id. 1 d° 3 »	6 » 65	1,200,000
150 millions.		3,225,000 fr.
50 pap. de banq. 1/10° p. 3 m., 4/10° p. l'ann.	4 » 05	200,000
200 mil.	Total..	3,425000 fr.

dont il faut déduire une somme de   fr. pour faillites et frais d'administration; et comme le papier ci-dessus n'est pas autre que celui qui forme le portefeuille des meilleures maisons, les chances de faillites doivent être très minimes.

On voit d'après cet aperçu qu'il est possible de réaliser un assez beau bénéfice avec une émission de bons peu considérable relativement à la garantie; mais dans tous les cas il faut bien remarquer que le principal avantage de cet établissement serait pour le moment d'assurer tous les portefeuilles en continuant à faire le service d'escompte en faveur de bonnes industries, et pour l'avenir, d'améliorer l'organisation industrielle de la place.

L'affaire étant bonne en elle-même, on nous a demandé pourquoi nous voulions solliciter le concours du gouvernement, et pourquoi nous voulions lui faire supporter les premières chances de perte.

Nous croyons que, dans une opération de crédit comme celle que nous proposons, on ne saurait s'appuyer sur trop de garantie, afin de donner à cette banque un caractère imposant, et de l'entourer d'une confiance colossale : ce n'est qu'à cette condition qu'elle peut rendre de grands, d'immenses services.

Il ne suffit pas toujours d'ailleurs qu'une affaire soit bonne pour qu'elle puisse être immédiatement réalisée, surtout dans des moments de crise; et comme l'institution dont nous provoquons la fondation est de l'intérêt public le plus pressant, il est nécessaire que le gouvernement intervienne comme véhicule puissant, et qu'il prenne à sa charge les premiers risques, afin de procurer une plus grande masse de souscripteurs.

Si maintenant nous considérons l'intérêt direct du gouvernement, nous ne pensons pas qu'il puisse hésiter à entrer dans cette entreprise :

1° Parce qu'en généralisant un nouveau mode de prêt, il facilite le travail et par conséquent la réalisation d'une richesse publique, ainsi qu'il favorise le paiement des contributions et augmente leur produit;

2° Parce qu'en facilitant le travail, il fournit les moyens d'alimenter l'activité des ouvriers et empêche la baisse du taux des salaires;

3° Parce qu'en jetant dans la circulation un nouvel élément de crédit, il maintient l'intérêt à un taux modéré, tandis que si la gêne

commerciale augmentait, l'intérêt monterait outre mesure, et il en résulterait une suspension de travail, une perturbation dans toutes les fortunes, dans toutes les existences; de sorte que l'état se mettrait par suite dans l'impossibilité d'emprunter, ou bien il ne le pourrait faire qu'à des conditions très onéreuses.

Si le gouvernement refusait sa participation, il s'exposerait

1° A arrêter le travail, c'est-à-dire la production des richesses;

2° A provoquer la baisse des salaires, seule ressource du peuple, ou à le priver de travail; de là les désordres qui en sont toujours la conséquence;

3° A diminuer la consommation et à produire une réduction correspondante dans les impôts indirects;

4° A provoquer une augmentation de dépenses pour couvrir le surcroît d'intérêts que ses emprunts (dettes flottantes ou consolidées) auraient à éprouver.

Tels seraient les résultats matériels de son refus; nous ne parlons pas encore des considérations politiques qui se rattachent à la dépréciation du crédit public, et aux fâcheux effets des faillites, suites inévitables des crises.

Les doctrines qui tendraient à isoler le gouvernement de la masse des intérêts particuliers ne peuvent pas s'appliquer dans ce moment, attendu qu'aujourd'hui plus que jamais, et surtout dans la crise actuelle, le gouvernement ne peut trouver de force qu'en s'appuyant sur la masse des intérêts particuliers qui forment l'intérêt général.

J. PEREIRE.

Paris, le 16 septembre 1830.

IMPRIMERIE DE GUIRAUDET, RUE SAINT-HONORÉ, N. 315.

www.ingramcontent.com/pod-product-compliance
Lightning Source LLC
Chambersburg PA
CBHW052043270326
41931CB00012B/2607